想象之外·品质文字

北京领读文化传媒有限责任公司 出品

MBA
轻松读

第二辑

批判性思维·交流篇

日本顾彼思商学院（GLOBIS）——著
范 丹——译

クリティカル・シンキング

北京时代华文书局

图书在版编目（CIP）数据

批判性思维．交流篇 / 日本顾彼思商学院著 ；范丹译．-- 北京 ：北京时代华文书局，2020.2
（MBA 轻松读．第二辑）
ISBN 978-7-5699-3511-0

Ⅰ．①批… Ⅱ．①日… ②范… Ⅲ．①思维科学
Ⅳ．①B80

中国版本图书馆 CIP 数据核字（2020）第 009110 号

北京市版权著作权合同登记号　　字：01-2019-7638

MBA 轻松读：第二辑

MBA QINGSONG DU DIERJI

批判性思维·交流篇

PIPANXING SIWEI JIAOLIUPIAN

著　　者｜日本顾彼思商学院
译　　者｜范　丹

出 版 人｜陈　涛
选题策划｜领读文化
责任编辑｜张彦翔
装帧设计｜刘　俊
责任印制｜刘　银

出版发行｜北京时代华文书局 http://www.bjsdsj.com.cn
北京市东城区安定门外大街 136 号皇城国际大厦 A 座 8 楼
邮编：100011　电话：010－64267955　64267677
印　　刷｜北京金特印刷有限责任公司　电话：010－68661003
（如发现印装质量问题，请与印刷厂联系调换）
开　　本｜880mm×1230mm　1/32　印　　张｜10.25　字　　数｜234 千字
版　　次｜2020 年 9 月第 1 版　印　　次｜2020 年 9 月第 1 次印刷
书　　号｜ISBN 978-7-5699-3511-0
定　　价｜62.00 元

前言

无论怎样的天才都无法单凭个人之力推动事业发展。比如在执行某个战略时，或者准备创造并实现某个商业模式时，你必然要对其进行说明，接受他人的询问，与人进行交涉，从而必然会让别人（包括企业内部和企业外部的人）也参与到该事业中。若非如此，无论多么完美的战略或商业模式都只不过是海市蜃楼，画饼充饥罢了。

或者还可以说，不同的交流方式会让对方有不同的理解，如果让人感觉不快的话，甚至有可能失去合作机会。要让对方没有不快感，还要对你产生理解之上的共鸣，否则越是困难的工作越难以得到对方的协助。

换言之，商业中的交流并不只承担单纯地传达意图的职责。准确的表述能力自不必说，获得对方的同意或共鸣也是不可或缺的。仅仅停留在“明白”的状态还远远不够，必须达到“同意”甚至“信服”的状态。

在提高积极性，促进技能提升，构筑双赢的关系时，交流也担任了核心职责。将组织内的内隐知识变为外显知识时，或者调整多人意见时，交流都是重要的功能。

这样看来，说只有交流才能推动商业也不为过，事实也确实如此。各位身边优秀的主管或领导都是善于交流的人对吧？他们都能通过有效的交流来说服他人，提高员工活跃性，在会议上引导出正确的结论。

本书将根据以上观点来介绍作为商务人士所必需的交流能力。这种交流能力的基础，也是其最大的特点，即批判性思维（详细内容参照序章）。换言之，以客观的视角正确思考事物就可能实现有效的交流，以往不善交流的人也可以通过适当利用批判性思维的技巧来改善自身困境。

基于这种批判性思维的有效交流，我们将其命名为批判交流（critical communication）。它的含义并不是英语直译的“批判性的交流”，而是以批判性思维为基础的交流。

本书的构成

本书首先将在序章阐述作为批判交流基石的批判性思维的精髓，接着在第1章浅谈交流的基础与原则。

然后选出5个对于商务人士而言尤为重要的交流情景，在第1章分别进行介绍。以批判性思维的基本态度和技巧为基础，加上与人相处的视角，介绍各种交流的要诀。

序章和第1章为基本篇，第2章至第6章为应用篇。其中第2章和第3章的结构较为简单，所以设为应用篇一，第4章至第6章的结构较为复杂，所以设为应用篇二，不过结构简单并不意味着执行容易或者能轻松得出成果。

具体的5个交流情景如下。

应用篇一——

第2章：传达

第3章：说服

应用篇二——

第4章：交涉

第5章：指导

第6章：会议

为什么在多种交流场景中选择了这5个呢？理由如下。

• 商务人士对此浪费了许多时间。

• 对个人与组织的生产性造成了极大影响。

• 通过适当使用批判性思维能大幅改善这几点，提高交流效果。

除了这些交流方式以外，还有以联谊为目的的饮酒式交流和在休息空间以交换近况为目的的谈话等。这些聊天有时能激发意外的灵感，所以也都是不可忽视的交流。

近年还出现了博客和推特发言，也是个人交流的一种形态。如今它被积极用于市场营销等，属于正当红的领域。

不过要将所有的交流形式都归纳起来的话难免过于散乱，因此本书对这几种交流只会以专栏的方式稍做浅谈，主要还是以介绍上述5种交流为中心。

本书是顾彼思 MBA 轻松读系列之一，所以会以事例的形式解释具体的交流场景，这是为了让读者切身感受到交流是身边不可或缺的主题，请您在阅读的时候思考交流场景，设想“自己是否会这样”或“这样是否不对”。

此外，本书为了让读者了解批判性思维中重视的个人思维癖好，会花大量页数介绍人们普遍容易陷入的思维偏见和陷阱。如果不能理解这些偏见和陷阱就不可能进行正确的思考，因为偏见往往会导致错误的思维或交流。

本书在编写期间得到钻石社编辑部的木山政行副总编、片桐嘉人先生的各种建议。此外，在本书企划讨论阶段，以吉田素文先生为首的顾彼思企业人员也从各角度给予了灵感与提示，在此表示衷心感谢。

希望本书能让尽可能多的人思考、实践、交流，并能以此提高商业效率。

顾彼思商学院

目 录
CONTENTS

序章

批判性思维的精髓

序章将以良好交流为前提来介绍批判性思维的精髓。

良好交流的基本是正确的思维

交流往往被认为是日常与他人接触的方法态度或商务礼仪。当然，这也都是重要的因素，本书也会对其做一定程度的介绍，但交流更为重要的是弄清当时所传达的内容是否合适，以及传达的手段是否正确，注意这两者之间的搭配。

即使交流时你的态度令人有好感，且谈话内容简明易懂，但如果不注意传达时的手段，也不能长时间吸引对方，从而难以达到说服的目的。或是交流时只顾说自己想说的话，反而忘记了应该传达的东西，甚至可能在难得的多人聚会中白白浪费会议时间，最后也得不出任何结论。出现这些情况都是作为商务人士的失职。

擅长交流的人都会“察言观色”，即拥有时时刻刻关注对方感情变化和洞悉现场氛围的能力，以及根据当时的气氛随机应变，改变和调整自己言行的能力。换言之，即敏感、聪慧，且具有能将思维立刻反应于言行的反射神经，这些特质都是使交流成功的重要因素。

但即使拥有这些特质，如果不能在交流时根据目的来思考正确的内容和方法，也不可能满足商业交际，更不可能得到成果。或者可以说如果能正确地思考交流时的细节，即使“察言观色”和“随机应变”的能力稍有不足也无伤大雅（图表序 -1）。

如果只将交流能力视作敏感、机灵和表现力等方面的问题，那么由于这些素质很大程度上都受性格和幼年期所处环境的影响，于是容易被认为是“擅长做这些的人”的专利。

图表 序 –1 交流能力与批判性思维

箭头的长度 = 社会上普遍认为的“交流能力”

· 让对方信赖的行为

· 察觉对方感情的能力

· 传达自我思想的能力

· ……

箭头的指向 = 批判性思维的适用

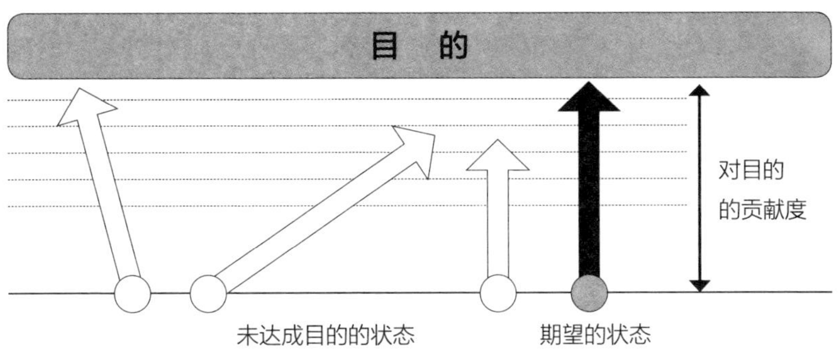

普通交流能力的强弱与对目的的贡献度并不一定成正比，还需要根据批判性思维来做合理的指向

但正确的思维能力其实是能广泛应用的技巧，也是身处商界的所有人都能学会的手段（当然也有很多方法能提高敏感度和表现力，本人并不打算否认其效果）。

自己究竟应该做什么？在传达信息给对方时，应该以怎样的顺序进行表述？能谨慎思考这些问题并当场用于交流，从长远来看必然能引导人成为成功的商业人士。从这个意义上来说，良好交流的基石其实是正确的思维。

批判性思维是交流的基石

“正确地思考事物”——大多数人能实现这一点就能具备批判性思维，而这就是良好交流的坚固基石。

“critical”这一单词的原意是“怀疑性的”“批判性的”，因此“critical thinking”直译就是“批判性的思考”，但本书所介绍的批判性思维的含义是“具有健全的批判精神的客观思考”，将其定义为提高逻辑思维和思考效率的方法论——技巧与框架，以及正确思考的态度（心态）的组合。

批判性思维在帮助做出正确的决策和解决问题方面能发挥很大的效果，并且能让交流更为有效，这也是本书的执笔动机。

一、现在为什么要运用批判性思维和批判交流

最近日本企业的人才流动性变低，商业对象也较为有限，因此不少事业已经在某种程度上共享背景与环境，形成了内隐知识或默认的规矩。与欧美等地主流的“内容重视型”相反，日本人的交流往往被分类为“背景重视型”。

背景重视型的交流是从日本文化中诞生的，本身并不是什么坏事，今后也会在很多情况下发挥其有效的交流作用（本书也会多次强调理解环境的重要性）。

但随着人才流动化的推进，不仅中途转职的人越来越多，派遣员工、合同员工、独立承包人等不同立场与利害关系的人以共同目的进行事业合作的案例也会增多。此外，前往海外企业做商业洽谈，或者经营者和员工中有外国人的情况也很常见。

这样一来，没有共通背景作为交流前提的可能性就变大了，这必然导致以往不用多说就能彼此明了的事业必须用准确的语言来传达，以往建立在双方默认基础上的交流现在也不得不通过确认来达成相互理解。

最终如果不能在理解对方理论（与主张和根据相关的逻辑）的前提下说服和指导对方的话，商业就不能成立。如果不能建立“思考”的态度，交流也就无从谈起。

二、批判性思维的基本态度与技巧

接着再来简单确认一下“正确思考事物”的批判性思维的基本态度与技巧。本书所介绍的各种交流论点如果以这种基本态度与技巧为基础，就能让人更快理解，且能提高实践效果。这里再重复一遍，批判交流的基石就是批判性思维。

三、批判性思维的4个基本态度

批判性思维的4个基本态度为：时刻注意目的是什么；思考是否符合前提条件和所处环境；以论点为基础，思考“思维结构”；持续发问（图表序 -2）。

不同类型的交流，其基本态度的重要性也有所不同，但毫无疑问都是关键所在。平常思考交流的要点时应该特别注意基本态度，只有意识到这4点才能有效整理思维，提高交流效率。

（一）时刻注意目的是什么

在思考问题或进行交流时，必须明确“思考问题和交流的目的是什么”，我们也可以称之为找出论点。尤其是在做报告、交涉和会议等场合，这是十分重要的点。例如根据会议的目的是信息共享还是做出决策，这两者的交流方式也有极大不同。

到达良好的思考终点（期望的状态）也是锁定目的的关键。比如通过信息的传达让对方很好地理解信息内容并记住它，从而推动业务顺畅地发展。但有时“传达”这一行为本身被人目的化，无论对方是否理解，都认为只要有过“传达”这一行为就已经达成了目的，这显然是极大的错觉。

图表 序 -2 批判性思维的 4 个基本态度

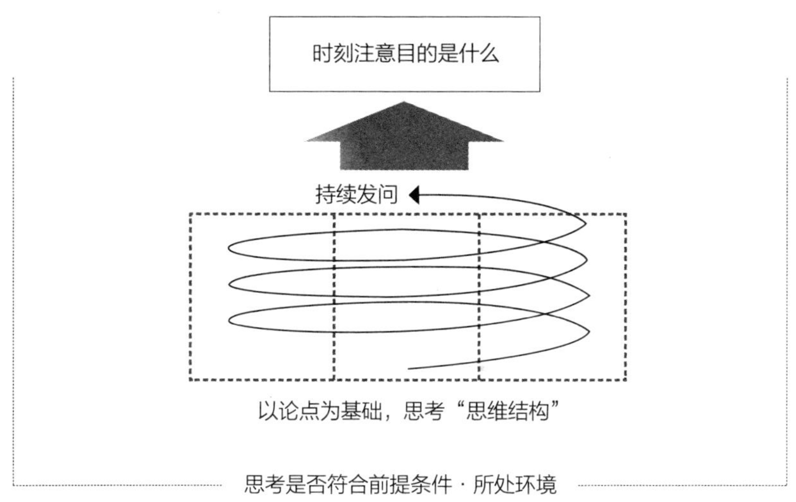

（二）思考是否符合前提条件和所处环境

这是指在思考事物时留意自己或对方的思维背景和癖好。无论是谁在考虑某件事的时都有默认的前提，即个人的价值观和经验教训。如果在交流时未认识到这一点，将难以与对方达成一致，往往会困于极小的范围内谋求解决之策。

要摆脱这种思维通病，关键在于了解自己容易忽视的思考癖好，客观看待自身。换句话说，就是以第三者的眼光来看待自己。我们经常说的“以元视角审视自己”也是同样的意思。

如果能客观地掌握思维通病，就能逐步减少论点的漏洞和见解的不足。

（三）以论点为基础，思考“思维结构”

确定目的后，就能在一定程度上找到方向性，而进一步的思维要点则是思考“对于什么项目要实现什么目的”。此时需要构筑“思维结构”，也就是思考的框架。

例如考虑实现说明或说服的交流，准备好5W1H（六何分析法）的框架会更为有效。在交涉时理解 BATNA（最佳代替方案）或 ZOPA（协议空间）的概念也将带来很大帮助。

不同类型和目的的交流所适合的框架不同，因此首先要将“考虑怎样的项目才能实现目的”放入“框架”中。

（四）持续发问

即使得出了某些结论也不要停止思考，继续发问。在主张某个意见、自问或问对方时有3个有效词汇，即 why、so what、true，尤其是在训练或会议现场的交流中，这种态度具有重要的意义。

持续发问可能会让你在习以为常的事情中有意外发现，并且能通过这种方法来培养思考能力和思维习惯。

此外，当交流未能达成最初目的时，自问“为什么”也是非常重要的。大多数人在交流不顺时会尝试其他方法，但这并没有效率。客观看待并询问自己“为什么”的态度才是“批判性”这个词的本质。

四、批判性思维的3个方法论

（一）正确的逻辑展开

这是指文章或发言等需要思考如何形成一个合理的逻辑，使其主张具有说服力。逻辑思维在所有交流中都很重要，在报告或者需要说服对方时更为关键。能阐明逻辑就能使自己的主张更具说服力，因此请各位彻底思考“我的主张如下，原因在于……”以提高对方的接受度。

逻辑展开是所有交流的基础，我们从一开始就要掌握该能力。逻辑展开的方法包括演绎法和归纳法，从学生时代就被广泛使用，本身并不复杂，它的难点在于运用逻辑展开时会遇到各种“陷阱”（图表序 -3）。一旦落入这种陷阱，往往会导致自认为发现了比较妥当的逻辑，但实际并不合适。弄清这种“看似妥当实则不然的逻辑”，并指出哪里不妥就是逻辑展开的目标。

图表 序 -3 逻辑陷阱例子

隐藏的前提

【想采用具有突破常规的能力的人，采用标准不高】

[采用符合标准的人] [A 勉强符合标准（但并没有合适的项目）] → [不应该采用 A]	[采用符合标准的人] [A 勉强符合标准] → [应该采用 A]

是否共有隐藏前提，会导致同样的情况得出不同的结论

优柔寡断的毛病

（导致反复审核所负责措施，问起他关于该方针的问题后——）

“现在正在进行顾客问卷调查，先不谈结果，先要验证问卷的有效性，期间还会出现环境变化，难以一概而论……”

逻辑严密，但过于在乎正确性，反而很难得到能做出有效决策的意见

这里需要注意的是逻辑思维在交流上虽然重要，但仅凭逻辑是无法打动他人的。第1章和第3章中将介绍人类不仅是逻辑性动物，也是会受感情、情绪等影响的“情感动物”，只强调正确性有时反而会导致交流出现问题。极端一点来说，理论和逻辑只是手段而非目的，任何交流都应该时时注意是否符合基本态度。

（二）结构性的方法

现实世界中的交流大多是由各个复杂的部分交杂构成，仅看细节或只看一面既无法了解事物本质，也无法找出说服对方的方法。因此需要掌握结构性的（也就是立体性的，多面性的）技巧。

结构性的思维工具能用于不同方面，分析时的MECE（相互独立，完全穷尽）概念和逻辑树等都很有名。此外，它有时也被分类为流程或矩阵，或者被写为模式和因果关系图（图表序-4）。

图表 序 -4 结构性的方法

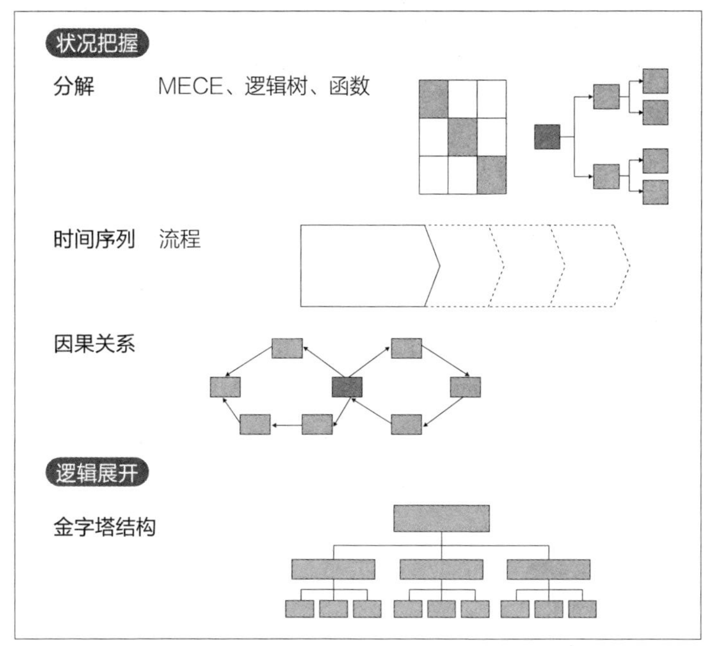

本书将在各章讨论不同交流场景时详细介绍结构性的方法。第2章传达篇中将对交流组合进行解释，第3章说服篇中将介绍3个杠杆，第4

章交涉篇中则会接触交涉流程、关系人映射、BATNA 和 ZOPA 等利害关系的相关概念。交涉中需要结构性地掌握对方与自己之间的利害与争论点，结构性方法能有效用于交流场景。

第5章训练篇将根据问题解决的步骤和应有的理论结构来整理合适的问题种类。第6章会议篇则将从俯瞰的角度观察运营，从地图上掌握参加者的相关度时介绍必要的结构化方法。

不过值得注意的是不要将这些方法本身目的化，重点是在面对复杂状况时别只看一部分，或者将内容过度简单化，要根据缘由、脉络等时间序列来立体性和多面性地掌握整体情况。结构性方法只是补充工具。

（三）因果关系的掌握

在涉及问题解决的交流场景中，理解原因和结果的关系尤为重要。比如在训练情景下，面对“这究竟是原因还是结果”“这两者确实相关，但是否存在因果关系”等问题时，更要发挥这种能力。

此外，从别的观点来看，由于交流是会对他人产生影响的活动，所以需要时时注意某种交流形成的原因以及会带来的结果。

在弄清因果关系时与逻辑展开一样，会遇到特有的“陷阱”，请各位多加留心（图表序 -5）。

图表 序 -5 掌握因果关系的陷阱例子

第 3 因子的疏漏

调查分店员工的劳动环境时发现，加班增加到一定程度的分店在之后的数月内往往会有多人辞职 得出辞职原因是加班后，分店管理者指示下属尽量让员工不再加班

▼

这真的有效吗？也许“分店管理者的管理问题”和“分店间资源分配不均导致负担过重”等原因导致了“加班”，接着导致“辞职”

手段的目的化

为了让销售员不独占销售经验，实现企业内共享，已在评价项目中加入“成功案例的企业内网投稿数”，但最近显然增加了不少凑数的，谈不上经验的报告

批判性交流的前提是习惯思考

本书内容虽然能帮助读者实现有效交流，但仅靠阅读理解是远远不够的，要真正提高交流能力首先需要实践，然后再次思考（回顾），养成反复实践的习惯，在日常生活中训练自己。

虽然天生的资质会让人的起点不同，但交流及其相关思维作为一种技巧，是能够通过训练达到某种程度的。而训练就是准备→实践→回顾，将这种流程习惯化。在努力培养技巧的过程中，必然会得到巨大回报。

本书只能给各位相关的提示，是否通过日夜实践形成了良性循环

（尝试去做→做得不错→想要更好→变得更好……），或者是否不经实践变为了恶性循环（不想做→做不好→没干劲→更做不好……），都取决于各位自身的努力（图表序 -6）。

这种循环和学习语言一样。英语流畅的日本人也并不是一开始就说得很好，也许最初也是结结巴巴的，但重要的是首先要有尝试去说的勇气。在说的过程中逐渐能够交流，从中获得乐趣，于是更为积极，从而实现流畅对话。通过这样的积累，必然能变为英语达人。极端一点来说，最终究竟是走向良性循环还是恶性循环，与阅读本书后的第一步密切相关。

所以请各位务必让自己习惯交流、习惯在交流中思考。

图表 序 -6 良性循环与恶性循环

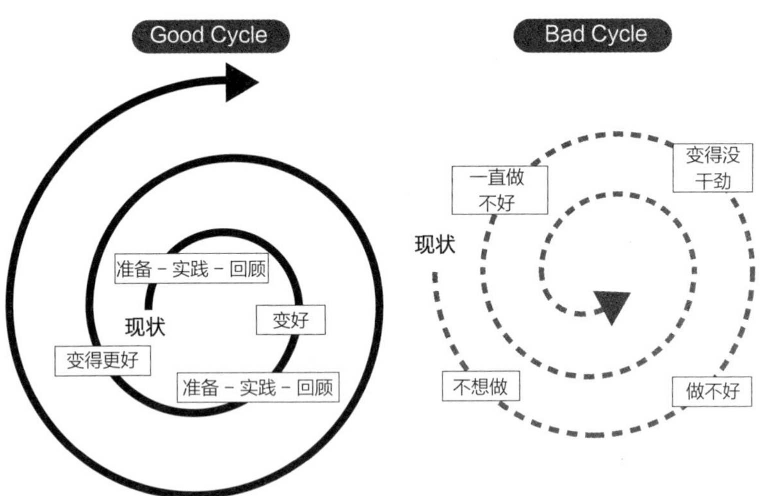

第1章 交流的原则

要点

实现良好的交流，第一步是要在了解交流的构成要素的基础上理解良好交流的条件。

案例 1

Beauty Quest 公司是销售化妆品的中坚企业，随着近几年来顾客爱好的多样化，如何配合爱好提供商品成了市场营销部面临的问题。隶属于市场营销部市场营销企划科的淡野健二提出了归纳顾客喜好并尽快提供针对性商品的课题。市场营销部对于淡野的企划寄予了很大期待，部长别当省一每次与他见面时都会问：“有没有能将顾客的呼声尽快反映到商品开发上的机制？”

某天，淡野的朋友给他介绍了一位系统咨询顾问，该顾问提出可以开发联动网络购买历史和顾客数据库，迅速反馈顾客需求的系统。该系统价格较低，且能在网络上操作。淡野看过系统模型后认为非常接近自己的要求，而且较为便宜意味着即使正式导入时费用会增多，与零基础开发相比，成本依旧较低。

于是淡野向咨询顾问索要了必要的资料，用于对别当部长进行说明，并开始准备报告。虽然顾问提出可以由自己出面说明，但淡野拒绝了。的确，委托顾问说明能更为详尽，不过淡野想要试验一下自己之前报告研修的成果，而且他认为自己亲自说明就不会给部长留下将工作全丢给外部人员的印象，于是选择自己来做。

幸运的是，顾问所提供的资料非常详细，淡野几乎没做修改，稍加整理之后就走向了别当部长的座位。此时别当正在处理文书，虽然淡野心想："现在不会打搅到部长的工作吧？"但还是开口说道："部长，我有事想跟您报告。"

别当抬起了头，刚一问什么事，淡野就忙不迭地开始介绍资料中所说的新系统功能，还没讲2分钟就被部长抬起双手打断了他的话。

"稍等一下，你突然介绍这些让我一头雾水。我本身不太了解系统，即使你说一堆专业术语我也无法做出判断。麻烦你理清头绪，用更简单的方式来做报告。我也是很忙的，现在正集中精力思考工作创意，好不容易有点灵感都被你搞没了……"

闻言，淡野才回过神来。

"失礼了，那我按您的建议整理好内容再来报告。"

"这不是理所当然的吗？你都工作多少年了？做事还这么毛毛躁躁的。要知道被人打断思绪得花多少时间才能恢复之前的状态啊？你工作这么多年连这点事都不懂吗？"

别当的声音更大了，且充满了压迫感。

淡野心想：

“我这不也是为了公司着想吗？你不鼓励我就算了，还这么不留情面地斥责，真是没干劲了。”

即使心里这么想，他还是回答道：“我明白了。”

解说

交流的构成要素

我们可以从多种角度去看待交流，但本书是从便于商务人士使用的角度来集中讨论以下7个要素。

- 目的：为什么进行交流？通过交流想要实现什么？
- 传达者：谁主导交流？
- 接受者：谁接受交流？
- 内容：交流的内容是什么？
- 语调：交流的音调与表情等应是怎样的？
- 媒介：交流所使用的手段？
- 传达状况：在怎样的状况下进行交流？

这些要素的关系如图表1-1，该图表能帮助各位理解交流的整体状态。

其中前3项大多是已经决定的前提条件，不过“传达者”会根据状况有所变数，也就是某些情况下会战略性地选择适合该交流场景的人才。但本书主要以设想自己作为传达者的基础上来推进讨论（22页会简单讨论一下谁是较好的传达者）。

后4个要素应该是在充分理解前提条件的基础上思考最有效的组合。本书将这种组合称作“交流组合”，在第2章将做详细介绍。

那么先简单地来看一下整体状态。

图表 1–1 交流的整体状态

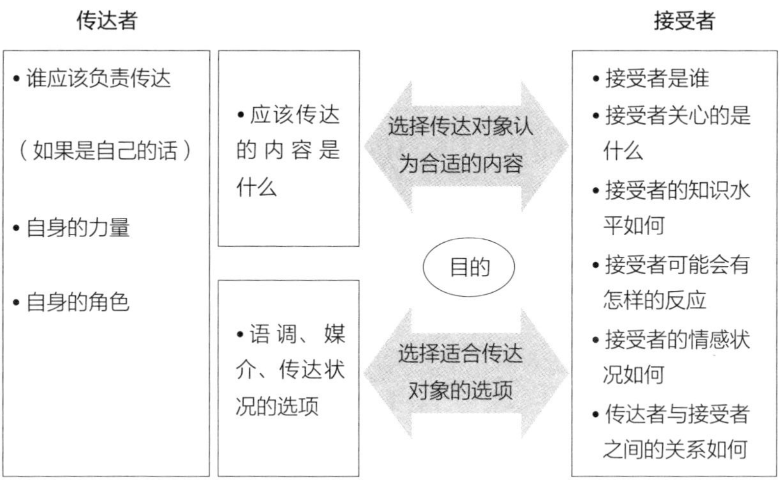

一、目的

批判性思维的第一铁律也是交流最为重要的要素，即交流的目的，如何抓住目的是尤为关键的。

在商业场合往往会认为交流的目的就是说服和达成一致，但有些场合的目的其实是倾听对方的话，表示共鸣，给予对方安心感，使其精神状态稳定。这适用于和烦恼的部下谈话，或者安抚顾客不满情绪的情况。

案例1中的别当部长为自己难得的灵感消失而生气，忘记了“给予淡野指导”这一本来目的，在交流应对中过于情绪化。从长远来看，这种应对会降低职场的生产性，处于高层地位的人尤其应该注意这一点。

只在最初思考一次目的是不够的，应当随时将交流目的放在脑中，确认自己的思维和行动是否偏离了目的。

因此希望各位能以批判性思维的原则为基础，养成客观看待自身所处状况的习惯。在一些重要的交流中别怕麻烦，可以将目的写在纸上，通过视觉化提高效果。此时最好利用某种方式便于自己回顾目的，具体而言以下3种方法比较有效。

（一）明确立场和状况

首先明确作为前提的立场。即使是类似的状况，只要立场不同，思维也会不同，因此即使是处于相同立场的人也应当根据状况来做巧妙的改变。

案例1中淡野的立场是“部下”，身处状况则是“有机会为寻求解决方案的上司说明候选方案”，但淡野忘记了附加状况是“部长很忙，且并不了解系统”。那么当前的（阶段性）目的就不是要求对方立刻理解所有内容，而是应当先让其产生关注，了解大致情况。

（二）将目的具体化

这里所说的目的是指到达点，而到达点必须要根据具体阶段来考虑。例如向上司传达数据管理系统现状时，所选择的不应当是“传达数据管理现状”这一抽象阶段，而是“让上司正确掌握数据管理系统的问题点，进入能够判断接下来怎么做的状态”这一具体化阶段。

这样一来，就能明确传达什么、能达成什么目的、为达成目的采用怎样的传达方法会更为有效。

（三）从接受者的现状来思考目的

另一个要点与前述的“状况”也有关联，即从“接受者的现状来思考目的”，这样能够有针对性地抓住应该传达的内容，也能更为具体地去思考传达方式。

例如考虑对顾客提出新服务方案时，不要选择“顾客可能会接受的方案”，而是“新的服务方案能消除作为接受者的顾客现在感到不便的某些方面”，也就是以减少与接受者现状之间的差距的方式来思考目的，研究交流时应该做什么。

二、传达者

传达者应当注意的要点是：谁负责传达；自身的力量；自身的角色。

（一）谁负责传达

谁负责传达在考虑交流效果时尤为重要。正如之前所说，本书大部分章节都是以自己作为传达者的前提来进行讨论，不过很多情况下让别人代替自己传达其实更为有效。

例如在必须说服上司时，有些情况是自己与上司关系不佳，或者自己所处位置尴尬，即使上司认可内容也难以直接表示同意。

遇到这些案例，我们可以通过让上司的上司来做说客，或者让上司尊敬的，受过其照顾的人来尝试说服，往往更有效果。

专业棒球监督星野仙一在鼓励选手时，有时会与对方进行直接交流，有时则会让选手的妻子或父母告知选手“他很优秀”或“期待他的表现”。由家人传达这种话能给予本人更好的刺激。

有的经营者也会巧妙利用媒介，让人代为传达自己想说的话。自己亲自向员工表示“期待你的创意”固然重要，但在新闻宣传中写下“〇〇社长非常相信员工的创造性，十分期待今后的新商品”等，也很容易鼓舞员工。

提到交流，我们往往会将重点放在内容和交流的方法论上，但实际上大多数接受者首先注意到的是与谁交流这一点。

要在所有场景中实现交流目的，除了努力提高实力之外，也别忘记这一方面。

（二）自身的力量

所谓能力，是指促进人类行动的潜在能力和资质，具体包括以下要素。

1. 官方力量（职业力量）

掌握分配、许可、预算、报酬、信息等。典型的就是针对部下的上司力量。

2. 个人力量

信赖度、专业性、领袖魅力、斗志、人力等。

3. 关系性力量

合作、委托、互惠性、以多样的关系网为中心的精神支持、得到鼓励、信息和资源等。

商业中交流目的的实现最终大多得依靠人。要实现目的，了解自己周围的力量非常关键。正如之前所说的“自己不能说的话可以让他或她代为传达，使对方接受”这类案例，大多数情况下是否成功都取决于这种力量。

此外，人们大多比较重视官方（职业）力量和专业技能，但最近随着对外商业开放化（与外部合作进行商业开发或构建商业模式等）的推进，个人力量、关系性力量的重要性也在提高。

信赖和人力这两种要素尤为重要。“那个人说的话可以信赖”“他或她既然这么说了，那就可以放心”，能构筑类似这样的关系就能很大程度上左右评价和信任度。

这不是一朝一夕能完成的事，需要在日常生活中时时注意“报告、联络、谈话”，少说多做，多与人打招呼，顾及他人感情（尤其是顾及位于自己之下的人的感情），认真完成接受的事，不要中途放弃，严守约定，与多人建立良好关系等。对于商务人士而言，除了个人能力以外，构筑信赖的土壤也是必备技能。从这个意义上来说，案例1中的别当部长应对淡野时就犯了不小的错误。

（三）自身的角色

了解旁观者眼中的自身角色，对交流类型有自我认识，弄清别人眼中的自己与实际是否存在差距是很重要的。

如果别人认为你过于感情化，那么不能克服这一点就会导致你的说服力降低。或者如果你发音不清晰，就必须在做报告之前重复发音练习，做好万全的准备。感情容易展现在脸上在交涉场合基本上毫无帮助，但稚嫩（或者说看起来稚嫩）却既有正面也有负面效果。

尤其是在面对面交流时，接受者会受到传达者的外表和态度的极大影响。美国心理学家艾伯特·麦拉宾对接受者如何领会不同感情和态度所传递的矛盾信息进行了研究，并分析了这种交流中影响的比例，得出的结果是语言信息占7%，语气等听觉信息占38%，外貌等视觉信息占55%（麦拉宾定律，演讲研究等经常引用）。

我们常常会忽视自己在对方眼中的形象，但这是必须时刻注意的重点。

专栏：着装规范

最近商业场合中也出现了不少非正式着装，但有些情况下仍是不被允许的。比如作为官方代表去申请银行融资的话，自然是穿西装打领带，因为这是“容易被银行的组织文化接受”的服装。历史悠久的大企业也同理。

相反，企业重建承包商进入工地现场进行业务改革的话，穿和现场的人一样的服装就比西装领带更好。本田宗一郎曾经在本田技研工业的海外工场落成时身穿作业服造访，让现场的人感动不已，从而成了一段佳话（据说本田并非有意如此，只是想选择“朴素”的衣服。还有个小故事是他在拜见昭和天皇时本来也打算穿作业服，但当时被周围的人劝服了）。

社会上有的人认为应该凭实力决胜负，不应拘泥于服装和外表，但对于大多数商务人士而言这是极为冒险的做法。希望各位意识到服装会让他人判断“你是否是同伴”，即“是否尊重我们的文化”，在注意这一点的基础上根据状况选择适合的服装。

三、接受者

有句话是这么说的：“交流的效果由接受者决定。”换言之，不了解接受者的情况是不可能进行有效交流的。这就像是在制定和执行市场营销战略时首先要对市场和顾客进行分析，详细掌握他们的需求一样。

对接受者的分析就是对传达者的分析的逆向版本。换句话说，分析“谁是接受者”是必要的，具体重点如下。尽可能地搜集这些相关信息，并以其为基础决定最有效的交流方式。

- 接受者关注什么？
- 接受者的知识水平和理解能力大概是什么程度？
- 接受者可能会有什么反应？
- 接受者的情感状态？
- 传达者与接受者之间的关系？

不过这也并不意味着我们必须完美掌握以上所有要素，因为从现实来看，无论有多少时间也不够，因此各位只要理解提前掌握这些要素能让交流更为有效即可。

（一）谁是接受者

了解接受者的力量（如果是企业外部的人注意现任职位）和角色等是重要的，但在这之前先要确认“对方是否是合适的接受者”。我们说明的对象其实并不是真正应该传达的目标，这种情况比想象中多，比如某个提案的说明对象是交易方的负责人，但往往实际上需要理解提案内容的并非负责人，而是作为决策者的上司或其他部门的人。

同样，当接受者为多人时也要面对谁是你真正该传达的对象这一问题。接受者只有1人时，只要注意让他对传达内容产生兴趣即可，但如果接受者的人数增加，应当传达的核心内容也难以捕捉。

为了摆脱这一困境，我们必须选定最重要的决策者等作为关键对象，根据他的关注点来传达内容。

（二）接受者关注什么

接着应该掌握的是接受者关注什么。如果交流时所说的东西对方根本不感兴趣，那么他理解内容的可能性也很低，因为人们往往只对于自己有兴趣的东西或想聊的东西具有耐心。比如产品开发者没必要对新闻采访者谈及技术性规范等方面的内容，因为新闻采访者的主要兴趣在于新服务或与其他公司产品的不同。

专栏：食品纠纷时的对应——交流的接受者是谁

食品制造商有时会遇到已售出的商品出现纠纷的情况，这时的交流接受者是谁呢？当然，该纠纷中如果有受害者，首先必须与受害者诚恳地交流。

但接受者并不仅止于此。例如还需要彻底通知可能已经购买了同样商品的人，还要对产生不安和不信赖感的流通渠道相关合作伙伴做详细解释，并且要针对也许会购买该商品的潜在客户发送必要的信息。

当然，不同接受者的关注点会根据其立场发生微妙的变化，因此危机应对时交流的铁律是准确把握应该与怎样的人交流，并详细了解他们的关注点。

（三）接受者的知识水平和理解能力大概是什么程度

依照接受者知识水平的不同，应当说明的内容也大有不同。例如在推荐软件时，如果作为接受者的顾客负责人对该软件的相关知识十分了解，那么就应当放弃一般性的说明，优先介绍产品具体特点、使用优势以及与其他公司产品的比较结果。

但针对并不了解软件本身的顾客负责人，首先要对软件做一般性说明，然后介绍本公司产品的特点。案例1中淡野就没有认识到这一点。事实上我们还可以做事前交流，探寻对象的理解程度。

（四）接受者可能会有什么反应

如果知道接受者对怎样的信息会有怎样的反应，就有可能修正说明的内容或说明的方式，使对方更容易理解。比如对上司的提案，如果你以风险和不安因素为中心做消极性发言的话，上司可能会认为“这是因为你不想做才列出一大堆做不到的理由”，从而导致你本来想要传达的信息被误解。因此应该首先以推进上司提出的指示为基础，从“应该讨论的风险事项”或“必须注意的要点”等角度来做说明，这样对方也容易站在中立的立场来接受。

（五）接受者的情感状态

人类是情感动物。如果情感受到伤害，无论传达的是多么简明易懂的内容都很难达成引起共鸣和促进行动的交流目的。因此首先要确认彼此之间没有情感上的障碍，如果有障碍则要想办法去除，这样才能更为清晰地传达内容，获得共鸣。第3章的说服篇中将详细介绍如何应对情感受到伤害的人。

案例1中的淡野在不了解别当部长的关注点和理解度的基础上草率地开始烦琐的说明，不仅让部长难以理解，还破坏了他的心情。当然，该案例中的部长态度也有问题，但作为商务人士应当准确掌握上司的性格。

（六）传达者与接受者的关系

尤其要注意的视角是“应该关照接受者到什么程度”。比如上司和顾客，或者对想要构筑新关系的接受者，关照的程度是重点。

作为传达者的自己与接受者在多大程度上共享经验也是一个要点。如果共享经验较少，那么有效传达往往会比较难。比如在推销理化机器时，在大学有过理化研究经验的人会更容易理解说明内容。根据传达者与接受者之间的关系来改变交流方式，是达成目的的重点。

以上举出了分析接受者时应当掌握的6个信息，但要得到所有信息是很难的，那么应该如何去思考无法获得的信息呢？

方法之一是自己进行“假设”。自己想要传达的内容对目标组织中的谁最有意义，自己所传达的内容想要达到的结果由谁来决定，通过这样的假设来决定传达方式。并且要在传达的同时逐步摸索，即验证自己的假设，一旦发现有误就要立刻制定新的假设再进行验证，反复这一过程。

这是未准备好就进行交流时的方法，如果完全无法进行假设，还可以通过了解传言之类的东西来分析接受者，询问一些自己所不知道的事，从而更为有效地修正传达方式。

四、内容

在商业交流中，只传达自己想说的内容的情况极为少见。即使倾听者具有决定权，也不可能直接接受诸如“导入某某系统”“将我从系长提升为科长”“购买这种商品”等要求，因为接受方不能立刻判断该要求是否妥当。因此要让接受者理解和采纳，或者实现向第三方的说明责任，都要阐明理由，再让对方接受。

这时能让自己的主张和要求所附带的理由更简明易懂的工具就是金字塔结构（金字塔形的逻辑构造，图表1-2至图表1-5）

金字塔结构如图表1-2和图表1-3，最上方是作为核心信息的主张（最初是假设，随着证据的完善变为准确的主张），它的下方是支撑该主张的2~4个根据（关键信息），再下方则是支撑各关键信息的根据，整体是个完整的金字塔结构。

此外，完成形的金字塔结构的每一层都要从上至下回答 why、true，也就是“主张是因为根据 A、根据 B、根据 C”“根据 A 是因为根据 A-1、根据 A-2、根据 A-3”这样的关系由所有部分的“逻辑三角形”构成。

同样，从下段往上段也要回答 so what，即因为根据 A、根据 B、根据 C 所以主张。因为根据 A-1、根据 A-2、根据 A-3所以得出证据 A 这样的关系。

图表 1-2 金字塔结构 例 1

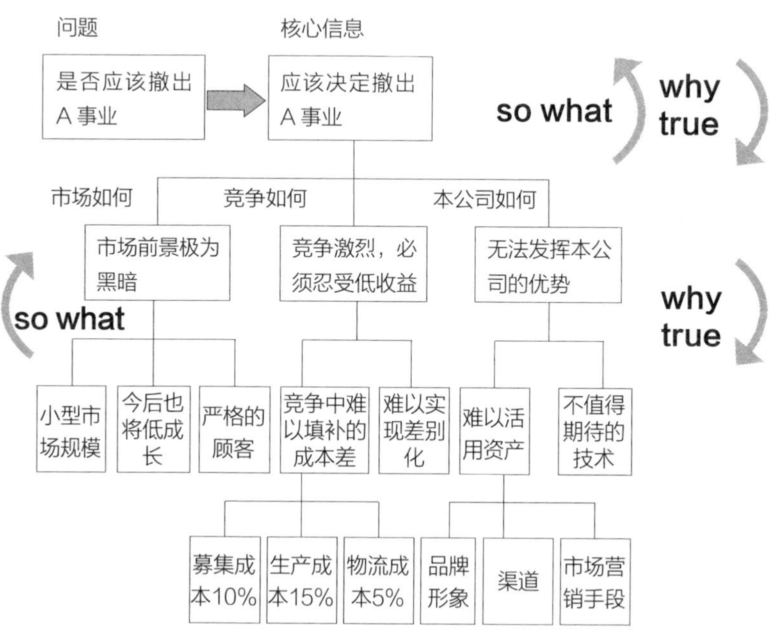

金字塔结构的制作步骤如图表1-4和图表1-5。其详细内容在MBA轻松读：第一辑《逻辑思维》中有介绍，这里主要是再次确认作为金字塔结构骨干的“主张及其附带理由”广泛使用的2个要件。这2个要件就是“想要传达的内容及其理由的统一性”和“搜集想要传达内容的理由”，可以参照图表1-2，图表1-3所示的例子来确认。

图表 1-3 金字塔结构 例 2

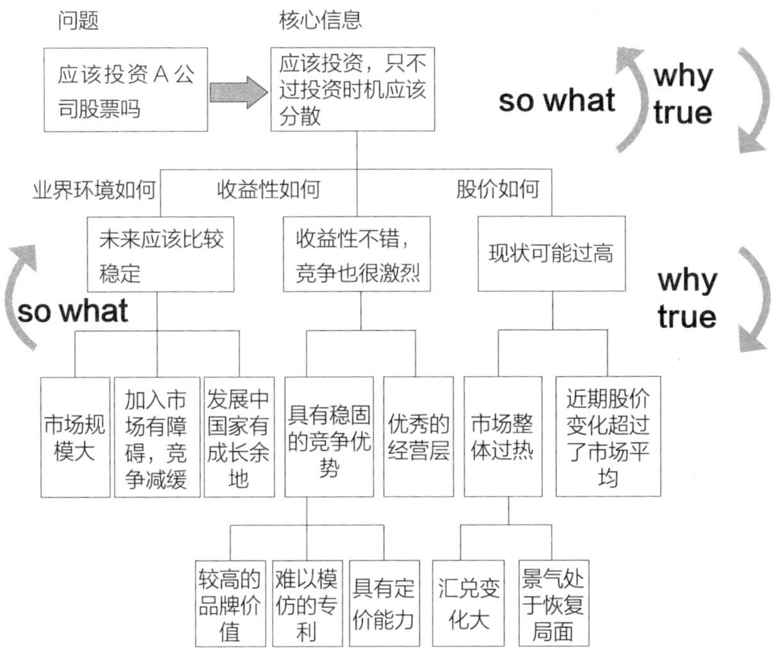

（一）想要传达的内容及其理由的统一性

我们经常会在查看邮件时发现其核心信息与其根据（理由）并不统一。也许传达者想要举出比较令人信服的根据，但却让接受者一头雾水，具体如下案例。

1. 想要传达的内容与根据之间的关联性太差

比如图表1-2的事例："应该撤出 A 事业。为什么呢？因为市场营销方面出现了问题。"但大部分人都很难理解撤出这一重要决策与市场营销的现状之间究竟存在怎样的关系，因此对是否应该撤出存疑。这就是想要传达的内容与根据之间关联性太差的例子。

创建金字塔形的逻辑结构时要重复发问，直到确定得出能支撑根据的主张为止。

图表 1-4 创建金字塔结构的步骤

指出问题	思考结构	分析并解释情报，得出信息	以合理的根据支持解释
• 在有具体思维路线的基础上思考问题（= 大的疑问） • 掌握能回答问题（= 疑问）的核心信息	• 为了回答问题，针对应当思考和做出判断的论点，进一步提出更为具体的"问题"组合 • 以直接的框架来思考问题	• 框架 = 思考回答问题所需的情报是什么，搜集情报并分组 •（在假设的基础上）解释情报，框架 = 分别找出回答问题的关键信息 • 进一步解释所得的大量关键信息，找出能回答问题 = 大的疑问的核心信息	•（在假设的基础上）将解释的意思具体化 • 确认是否有隐藏的前提，确认该前提是否是正确的 • 确认具体例子是什么，确认反证的例子多不多 • 如果得出核心信息与关键信息，确认是否能将想要传达的内容表述八成左右

2. 对于接受方而言欠妥的理由

最常见的就是传达者在交流时只凭借自己主观或个人的经验。当然并不是说依赖主观经验绝对不行，事实上某些情况下关键人物——比如最了解业界情况和企业情况的人——的主观意见有时也能作为绝对依据，但这样的关键人物极为有限，仅凭主观判断的妥当性自然不高。

例如有人表示接到销售额下降的提示后要回答“会对其做检讨”，因为根据他自己的经验，一般听到这种回答顾客会下单。但若这人不是极其优秀的销售负责人，那他这番话的说服力就很低。

如果遇到只能利用主观思维和经验的情况，则必须附带说明该内容并不十分妥当。像上述案例，先表示自己以往经验与这次的事例有很大相似性，就能提高主张的可信度。

3. 根据的具体性欠缺

即使根据的内容是妥当的，但如果缺乏具体性的话，也很难被对方接受，因为不同的人所做出的判断往往都不一样。比如“他有能让周围所有人信服的成绩，应该让他升级”这样的主张可能本人认为是理所当然的，但接受者并不清楚这人的成绩是否满足要求。

根据要尽可能具体，就要列举出便于接受者理解的东西。在这一点上，由于数字非常具体并且客观性较高，很适合作为根据。但数字又是“不难制作”的根据，所以需要接受者具有能看穿该数字是否值得信赖的能力。

图表 1-5 金字塔结构的大致制作顺序

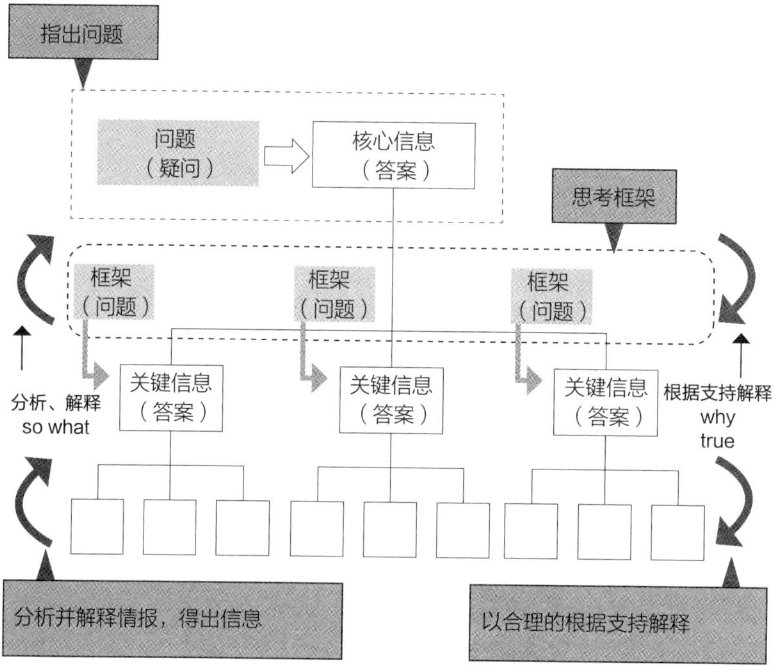

4. 具体例子与主张不符

自己想说的内容是否与举出的具体例子有统一性也是很重要的。比如“他很积极，所以适合担任本项目的领导。他这三年来的销售目标一次都没有失败过，这是因为他不仅时刻猜测顾客需求，还经常拜访顾客”，这样的主张怎么样？

这段话的确描述了他是个优秀的人才，但作为负责人的表现和热情，以及作为项目领导所必需的资质都没有提及，内容显得十分散乱。实际上这里只需要表现他作为项目领导的必要资质，并以合理的根据佐证即可。

（二）说明想要传达的内容时需要不多不少的要素

给自我主张附加理由的第二个要点是必要的要素得不多不少（尤其是“不少”）。在商业世界中阐述自己的主张时，其根据不可能只有一个。换句话说，大多数情况下需要从多个现象中导出某个结论。这时如果遗漏某个应当作为根据的要素，接受者就可能怀疑是传达者刻意隐瞒。

要主张某件事，必须有意识地形成逻辑结构，注意自己是否遗漏了什么，这时能有效提供帮助的就是“框架”。

框架常被用于3C（企业、竞争、市场）、市场营销的4P（产品、价格、宣传、流通）、PDCA（戴明循环）等有名的商业手段中，但对它稍做改动也能用于增加主张的说服力。

比如在讨论是否该中途录用某个人时，该说些什么呢？举例来说，可以考虑与组织的配合度、干劲、头脑、专业技巧、逻辑思考力、人脉、领导力等。

如果是考虑能源政策的话，将成本（包括未来成本）、供应的稳定性、环境负担等放入框架中是较为合适的。总之请一定要想出“没有不足”的框架（图表1-6）。

图表 1-6 金字塔结构的大致制作顺序

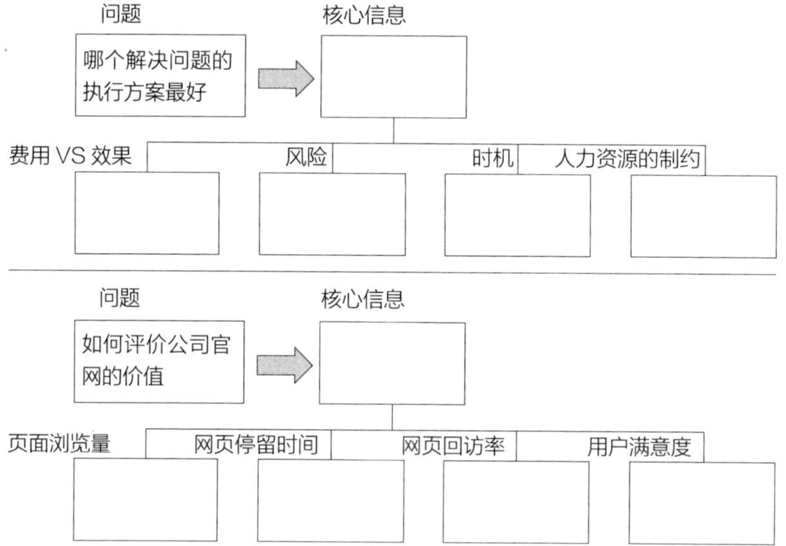

五、语调

这是指传达内容时的说话方式和书面语气，以及伴随的表情。比如感到不满时，有的人会提高声调来施压，可能还会伴随粗口（类似案例1中的部长），有的人却语气平静，神色不变，看起来十分诚恳。

怎样的语调更有效呢？这很难一概而论，但惯例是根据目的和对方来决定交流时的语调。比如人在积极情绪下想要表现勇气时，选择积极的词汇，用开朗的声音大声说出来更为有效。

专栏：不说话也能传达信息

金字塔结构最顶端的主张被称作核心信息，一般而言，大多是将想要传达内容的精髓作为信息。比如想要吸引投资时，信息就是“希望您对本项目投资”。

信息通常被认为靠语言或文书来传递，但从广义来看，传达者的姿势、态度、表情，甚至行为所带来的非语言表达也是信息的一种。

最典型的就是身体语言。例如人在竖起食指放在嘴上时，大部分人都能理解这传达的信息是“安静”。

当对方期待你说点什么时，刻意保持沉默也是一种信息。比如办公室中有员工在聊天，周围的人都以为他会引起上司注意，但如果上司没有任何表示的话，也就等同于传递了“那种程度的聊天是被容许的”的信息。

管理层在职场中处于受关注的位置，因此越是上层管理越应该有意识地传达非语言信息。

六、媒介

这是指传达的媒介或方法，具体如图表1-7所示。

图表1-7中评价项目的意义如下。

图表 1-7 媒介的比较

	针对大范围对象的说明		深入介绍内容的说明		略费精力的说明		与其他媒介的联动性
媒介	广播性	接受者的自由度	交互性	残留性	编辑可能性	准备的劳动力	
面对面	△	×	◎	×	×	△	◎
E-Mail	◎	◎	△	○	◎	○	○
电话	×	△	○	×	×	◎	△
演讲资料	○	○	×	◎	○	×	◎
传真	◎	○	×	○	△	△	×
报告书	○	○	×	◎	○	×	△

（一）针对大范围对象说明的视角：广播性

即一次能向多少接受者传递信息。如果利用了广播性较高的媒体，就要留意不同接受者之间理解度的差异。此外还要注意是否有可能将信息传播给了不必要的人群。

（二）针对大范围对象说明的视角：接收者的自由度

对于接受者而言，接受传递的信息也要占用自己的时间。比如接电话或聊天时就不得不去理解对方所说的话。

如果传达者选择了接受者自由度较高的媒介，那么是否去理解信息内容就得看接受者本身的意愿了。换言之，传达者传递完信息后，是无法跟进了解接受者是否理解了内容的。

（三）深入说明内容的视角：交互性

所谓交互性，是指非单方面的，而是双向交流的状态。选择交互性较高的媒介可以根据接受者的状况（根据接受者的反应）来当场补充或修正传达内容。

（四）深入说明内容的视角：残留性

这是指说明结束后是否让接受者留下了印象。残留性越高，今后在见解不同时更便于确认。此外，如果需要重复同样的内容时，使用残留性较高的媒体能实现更为有效的说明。

不过残留性较高的媒介也可能将内容传递给传达者预想之外的对象。

专栏：彼此说话的比例

交互式交流中，传达者与接受者究竟谁应该多说话是一个问题。

一般而言是传达者说话时间更长，但有时这也会导致反效果。比如在销售时进行产品说明，一味地说自己想说的话会让对方感到困惑，从而认为“这只是强行推销”。因此根据状况，通过提出问题等方式来让对方适度地参与到对话中来更为有效。这样一来，很可能给其留下“对方关心自己”或“对方是会听我建议的值得信赖的人”等好印象。尤其是在不了解交流对象时，尽可能地让他多说话，以此了解他的关注点和需求是销售的基本技巧。

此外，让接受者多说话也适用于开解部下的烦恼时。在这种情况下，部下往往希望得到上司的共鸣和理解，远胜于寻求解决方案。只要回复“嗯”“原来如此”等，维持谈话的基调，让部下说七八成的话即可。

（五）略费精力的说明视角：编辑可能性

编辑可能性较高的媒介大多也能将其内容用于其他场面，尤其是在提高说明内容完成度的过程中，使用编辑可能性较高的媒介更为有效。

（六）略费精力的说明视角：准备的精力

制作演讲资料或报告书时需要花费大量精力。此外，针对多人的面对面说明，还需要费心调整所有参加者的日程。

（七）与其他媒介的联动性视角

在面对面交流时，除了对话之外，还可以通过将自己的想法写在纸上，或者在对话中加入手势等，通过利用各种语言和非语言的媒介帮助接受者理解。

但如果是数十页的报告书的话，口头说明基本起不到什么效果，让接受者单独阅读报告书是最有效的方法。

在注意这些评价要素的基础上，介绍以下4个常用于商务人士中的具体媒介。图表1-8中展示了不同媒介的特征以及使用上的注意点，请各位再次确认。

七、传达状况

传达状况中含有各种不同的要素，其中具有代表性的是以下4个。在不同状况下加入这4个要素，将“谁”这一要素当作变数来考虑。

（一）传达什么

这是指在已经确定内容的基础上，决定传达和不传达哪些要素。由于状况本身有些部分很难描述，与前述内容的主旨也有不同，因此这里只简单地谈及一种状况。

思考应该传达的信息及其理由，完成内容之后，很多情况下其实并不需要将这些内容全部传递给接受者。例如若接受者已得到了很多情报的话，就没有必要详细说明。

图表 1-8 代表性的 4 个媒介

面对面	• 能保证交互性，同时也很容易与其他媒介组合。能根据接受者的理解、兴趣以及反映来灵活地改变说明内容，以此提高接受者的理解力 • 容易加入非语言性交流。比如通过稍微改变语气和表现就能强调自己传达的内容 • 容易发现接受者的感情变化。重要的说明（与对方的人事相关的重要说明等）要面对面谈话已经成为社会的常识与规范 • 牺牲了残留性和接受者的自由度，因此大多数场合要配合简单的笔记使用 • 受时间和空间限制较大，还必须调整行程安排
电话	• 与面对面对话相比，特点在于不用直接面对接受者也能实现一对一交流 • 缺乏与其他媒介相结合的灵活性，也难以同时使用对话以外的其他信息传达方式 • 除了电话会议之外，基本都是一对一交流，想要同时向多人说明内容需要花费更多精力 • 不受地理限制，事前准备所需精力也小。由于能保证交互性且只针对一人，因此在需要传达大量必须让对方理解的信息时尤为有效 • 随着近年手机的普及，紧急联络也更为方便
演讲报告	• 最近演讲报告软件的功能日益提升，利用动画等设定更进一步加入视觉传达成为可能 • 视觉冲击的增大，意味着在以多数人为对象时会有更大的效果，且残留性更高。配合口头说明，也能促进接受者对内容的理解 • 制作时需要花费一定精力，但有时不一定能得到相应的成效 • 演讲报告资料的交互性较低，配合适度的问答更为有效
电子邮件	• 最大的优点是能灵活应对大范围的接受者，可以给多人发送同样内容的邮件（必要时也可以变更一部分邮件），此外，接受者也可以在自己方便的时候阅读邮件 • 由于电子文件夹能共享说明内容，所以编辑可能性也很高 • 与面对面和电话交流相比，在实时性这一点上不具备优势，但仍能保证一定程度的交互性 • 由于容易编辑，一部分说明内容经常被人以意想不到的形式使用 • 如果邮件量大，自己想说明的内容容易被忽视。在传达多个情报时，电子邮件算不上是适合的媒体 • 忘记控制自己的情绪，将自己的想法全部诉诸键盘，往往会导致内容带有攻击性色彩

此外在某些情况下还可以不顾接受者的理解度，只提供部分情报。例如只传达与想要传达的信息有关的情报，让接受者自己思考传达者究竟想传达什么。这种做法便于接受者猜测传达者的意图，且能给接受者留下更深刻的印象。类似的手法还有只提供片段的情报，让接受者自行想象要传递的信息。

（二）什么时候传达

比如考虑是工作时间传达还是非工作时间传达，是趁着周一的清爽心情时传达，还是等倦怠的周三传达，或者是等到周五晚上的假日再传达。

一般而言，传达之后并不需要对方立即答复，会给予充足的思考时间，有时甚至会给长达数天的时间来等待答复（当然也视案例的紧急度来定）。

注意不要在接受者有重要的事时传达。比如对方正埋头于重要工作时强行要求对方同意某些微不足道的事，意图在他注意力放在其他案件时不深究某些细节。这种方法不仅不能提高效率，从长远来看还会降低自身评价。

从现实来看，根据交流的目的选择注意力集中的时间、心情好的时间或者能充分交谈的时间是非常重要的。

边用餐边进行商谈是由于吃东西能给人的大脑带来幸福感，便于交流，因此被广泛用于社会中。

在交互性交流的场合，得到对方的反馈后间隔多长时间回复也是个问题。比如当顾客表示不满时，要做出极其迅速的反应。但在想要委婉地拒绝邀请时刻意慢一步回复，以表示自己并没有太大兴趣也是一种交流方法。

要注意的是人不仅会关注回应内容，也非常在意和期待回应时机，是否符合他的期待有时也能传递强烈的信息。

例如优秀的销售负责人表示“后天给您答复”，却在今天或明天就联络了对方，表示他极有热情和诚意。相反，如果他说“月末之前联络您”，结果直到第二个月才联络，接受者当然会感到不快吧。这些小事的积累能成为推动他人行为的动力，请各位务必注意。

（三）在哪里传达

如果是与媒介联动的面对面场合，首先要考虑应该在哪里传达。这一要素中包括物理性的场所，但更为重要的是是否有他人存在（有没有同行者）。例如上司斥责下属的情况，考虑到本人的自尊心，上司往往会选择没有其他人在场的地点，但如果是杀鸡儆猴，则会刻意选择大家都在的地点当面斥责下属。

至于物理场所，如果是一对一面谈的话，面对面坐下会形成对决姿势，所以90度的角度是最好的，或者不选择方形桌而选择圆桌，总之有各种各样的技巧。

此外据研究表明，即使同样坐在对方的90度位置，是露出更易表露感情的左侧脸（与右脑相关），还是露出不易显露感情的右侧脸（与左脑相关），也会给接受者留下不同的印象。如果各位有兴趣的话，建议阅读相关专业书籍。

（四）以怎样的顺序传达

信息的传达方式包括自上而下和自下而上2种。自上而下的传达方式首先说明结论（金字塔结构最上层），之后再介绍导出结论的理由。自下而上则是刚好相反，先说明事实信息，最后再说明结论。

自上而下的传达方式偏欧美风格，自下而上则更有日本风格，具体哪一种更为有效不取决于它们风俗或气质，而是要根据交流的本质来做出判断。第2章中将详细介绍代表信息流程的“故事线”，这里则以“接受者容许的时间”“达成一致认识的情报量”“故事构成的难度”这3个观点为基础，对具体选择什么类型简单说明。

1.接受者容许的时间

首先根据接受者对该谈话给出的时间的绝对量来决定自上而下和自下而上哪个更好。假如只有1分钟，那么整理漫长的事实情报再得出结论显然时间是不够的。欧美的管理人员喜欢“先从结论开始说明”，就是首先要判断结论本身的内容对自己而言是否具有价值，再考虑是否花时间进一步了解。

2. 达成一致认识的情报量

接着根据达成一致认识的情报量来改变说明顺序。如果情报量大，将其作为连接点来导向最终结论，即自下而上的方式更为有效。

3. 故事构成的难度

最后则是故事构成的难度。日本比较重视传统式的“起承转合”流程，而自上而下的传达方式很难这样来说明。

此外，传达方式也并不是只能从自上而下或自下而上中择其一，重点是以上述要点为基础，具体事情具体分析，自己判断以怎样的顺序来说明最为有效。

专栏：分开传达

之前介绍的“说明状况”作为综合要素的话，“如何分开传达说明内容”也是应考虑的要点之一。

分开传达内容无非是考虑“将怎样的要素”“在怎样的时机”“在哪里”“传达给谁”。

一般而言，一次性传达所有内容被认为更有效率，但这不过是传达者单方面的效率罢了。不同接受者的状况不同，有的人不能一次性理解所有信息，需要多次重复，结果往往导致传达效率低。

在思考怎样分开传达时应当注意的要点是“分成几次”“间隔多久”，以及“在多大程度上重复说明内容”。

良好交流的条件

至此我们已经介绍了交流的构成要素，但良好交流的基本条件究竟是什么呢？这里介绍最重要的两点。

一、达成目的

首先，交流的最低条件是能达成一开始的目的，这也是批判性思维的基础。

如果是以说服为目的的话，只要让对方接受并按传达者所期待的那样去行动就算是达成目的了。如果目的是给予对方安心感，那么倾听对方的话，让他对你敞开心扉就是目的。

所以需要注意的是最初的设定必须非常妥当。比如设定目的为“让对方不快”，可以通过讥讽或嫌恶来实现，但这是否是值得称赞的行为呢？

答案当然是否定的。“让对方不快”这个目的不利于创造积极且充满干劲的职场和构筑与外部人员健全的关系。虽然也有人具有擅长在网络匿名论坛伤害接受者感情的能力，但这种能力毫无用处。

企业经营的基本目的是在为社会做出贡献的同时实现企业价值在中长期内的最大化，商业交流的最终目的也在于此。以下将介绍达成该目的之前的典型例子。

对社内——

• 鼓舞和激励人。

• 提高人的技能。

• 为创造高业绩做出正确的决策，并让人充分了解，积极行动。

• 为了达成业绩坚韧不拔地努力。

• 得出与公司未来息息相关的新创意。

• 迅速且有效地解决问题。

对社外——

•（以期望的价格）购入产品和服务。

•（以期望的条件）提供必要的资源。

• 通过扩散与本公司相关的良好评价来提高销售额和快速获得经营资源。

这些目的又可以分解为更具体的目的。例如“鼓舞和激励人”可以分解为展现正确的理想，给予人勇气，或者在该斥责的时候毫不留情地斥责等。

这些分解目的是否与上述的辅助目的以及企业终极目的“在为社会做贡献的同时实现企业价值在中长期内的最大化”相关联，则是我们需要确认的问题。

二、性价比良好

另一个要素是性价比是否良好。虽然不同类型有若干差距，但基本而言，交流大致分为准备、实施和跟进这3个阶段（图表1-9）。如果能在短时间内花较少的精力完成各阶段的话，将大幅提高商业生产性。

此外，这些流程不仅可以用于交流中，还能通用于所有商业活动，是泛用性极高的“流程型”框架。各位要时刻注意自己正处于流程的哪个阶段。

图表 1-9 交流的流程

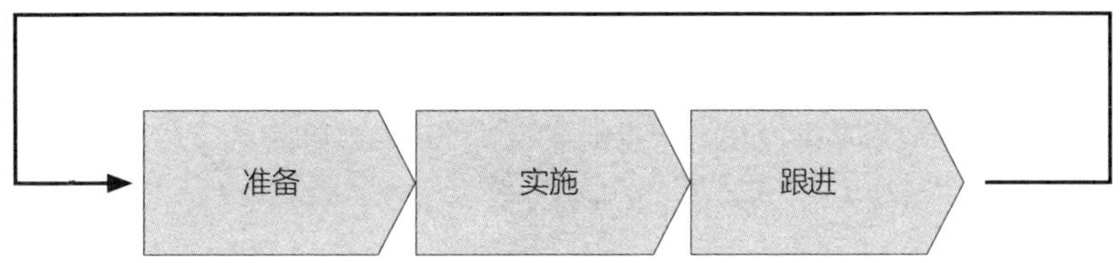

以准备阶段为例，如果对本来应该做的事偷懒的话，就无法达成交流的目的。比如虽然与交涉对象达成了一致，但该对象其实并不是实际决策者，因此只能从头再来。这种由于准备不足导致的失败并不罕见。缩小分母固然不错，但如果又缩小分子的话就本末倒置了。

取得平衡不是一件易事，尤其是成为管理者之后，往往要处理多个交流项目。面对多个项目，需要在考虑自身时间限制的基础上，通过平衡性良好的交流来提高总性价比。从金融角度来说的话，就是必须具备综合性思维。

虽然对此没有真正的解决方案，但各位可以通过实践以下提示来试着提高性价比。

（一）考虑到波及效果，要挑选合适的人作为第一张多米诺骨牌来交流

比如最初的接受者是 A，而 A 善于交流且人脉丰富，能有效地将交流内容传达给组织，那么将 A 这样的人作为“第一张多米诺骨牌”就能有效提高交流效率。相反，如果这一部分出错的话，则可能会无数次重复同样的交流。

（二）选择使人印象深刻的方法

近年来的信息洪流让人很难记住听到的东西。转头就忘是人类的特性，因此要提高交流的效率就要选择能让对方记忆深刻的方法。

具体要注意以下几点。

- 突出让接受者印象深刻的“新东西”和“惊喜”。
- 尽可能地附带视觉性图表（人类容易忘记文本信息，但同时给予视觉信息的话能大大加深印象）。
- 以便于回忆的故事线来传达。
- 伴随令人印象深刻的比喻和事例。

可以的话，建议将以上方式组合使用，能得到加倍的效果。

（三）对重要事件注入精力

如果时间是无限的话，我们当然有可能对所有交流都竭尽全力，但这是不现实的。因此只能对重要程度较高的事件花费更多时间，合理分配精力。请注意人们往往会对所花时间较多的说明内容更感兴趣，也更容易留下印象。

最应该避免的情况是让不那么重要的事件占用过多时间，导致削减了重要事件的时间。比如制作演讲报告的资料时，由于在并不重要的动画设定上投入大量时间，导致忽视了其他流程制作。

（四）花时间做准备

降低交流效率的典型情况就是由于准备不足导致难以将内容很好地传达给对方，或者让对方感到不快。当然我们不可能所有事都做好万全的准备，但对重要事件悉心准备，就能提高总体性价比。

尤其是如果不能准确掌握对方的感情，往往会让接受者感到不快，从而难以进行顺畅的交流。

图表1-10中展示了实现有效交流所需的确认清单。重要的交流尤其需要对每个项目仔细确认准备程度如何。准备越是充分，交流的成功率越高。

不过最终决定交流效果的还是接受者，所以如果有时间的话，尽量在事后向对方确认与之前的评价是否有冲突的地方。

最初你可能会觉得麻烦，但培养这种习惯从长远来看是能够提高交流效率的。

图表 1-10 交流的确认清单

	确认项目	注意了 没注意	不充分 1	2	3	4	充分 5
目的	是否理解了交流目的		1	2	3	4	5
	是否理解想要通过达成上述目的实现什么（比上述目的更高的目的是什么）		1	2	3	4	5
状况	现在的状况是否适合以上述目的为目标		1	2	3	4	5
	从怎样的角度去设想对方的状况		1	2	3	4	5
传达者	是否确认应该使用自己力量中的哪个部分		1	2	3	4	5
	是否设想了自己处于怎样的角色		1	2	3	4	5
接受者	是否根据目的和状况设想了合适的接受者		1	2	3	4	5
	是否设想了接受者关心的是什么		1	2	3	4	5
	是否设想了接受者的知识水平和理解程度		1	2	3	4	5
	是否设想了接受者会有怎样的反应		1	2	3	4	5
	是否设想了接受者的情感状态		1	2	3	4	5
	是否设想了接受者与传达者之间的关系		1	2	3	4	5
内容	想要传达的内容与其根据之间是否具有统一性		1	2	3	4	5
	传达内容所需的要素是否不多不少		1	2	3	4	5
语调	是否选择了适合目的和内容的语调		1	2	3	4	5
媒介	是否选择了适合目的和内容的媒介		1	2	3	4	5
传达状况	是否在传达内容中选择了适合传达的部分		1	2	3	4	5
	是否选择了适合传达的时机		1	2	3	4	5
	是否选择了适合传达的地点		1	2	3	4	5
	是否选择了适合传达的顺序		1	2	3	4	5

第2章 传达

要点

有效交流的第一步就是准确传达。这时有效的方式是交流组合，关键在于根据目的和对方状况来考虑最合适的组合。此外，演讲报告在传达中的重要性近年来也与日俱增。

案例 2

数日后，淡野根据整理好的笔记再次向别当部长说明了系统的概要。两人互相争论了一番后，部长最终认可了淡野的提案，不久通过董事会决议后正式导入了系统。

导入时首先要做的是将企业内部的顾客数据库变更为可以与新系统联动的规格，这在技术上并不困难，但只靠市场营销部的员工去做的话，数据量太多了。加上不懂系统的外行处理数据时可能会有误操作导致数据丢失，因此决定让系统开发部的5名员工也参与规格变更。

得知这一决定后，淡野需要向准备开始作业的员工说明作业概要。顾问已将具体的作业工程整理成手册交给了淡野，因此他只要以此为基础说明即可。淡野向顾问确认了详细内容，确保自己已经达到了能回答员工问题的状态。

说明当天，淡野在会议室准备期间，负责作业的员工陆续到齐了，但所有人都一副兴致不高的表情。到时间后，淡野开始了说明。由于作业手册的内容不少，所以到最后共花费了约1个小时。说明结束时，淡野发现员工们都松了一口气，于是他问是否还有什么问题。

预定担任这次作业负责人的千叶浩二首先提问："您说明的内容我已经明白了，那么可以请您告诉我们为什么必须得进行该作业吗？"

淡野有些吃惊地反问道："各位的上司都没有告诉你们吗？"

其中一名叫伊达亮太的员工回答道："市场营销部只说了让我们帮助导入系统。"

"是吗？这次的委托其实有总结资料，但我以为你们都已经了解了这方面的内容，所以今天没把资料带来，只能稍后再给你们看了。"

淡野本打算就此结束这方面的话题，没想到员工接二连三地提出了同样的疑问。远藤启介问道："为什么会选择这些员工？"淡野只能半开玩笑地回答："当然是因为各位都很优秀啊。"

远藤苦笑着说："那么也就是说其他人也可以吧。这种程度的作业，就算是年轻新人也能完成啊，我也是很忙的。"

淡野慌忙表示这个工作不仅事关营销部，对于整个公司而言也是非常重要的作业，并强调处理顾客数据这种重要信息是不允许出现错误的。淡野发言结束后，千叶提出了建议：

“麻烦淡野君更为详细地告知我们刚才的内容，这样我们才能在了解其重要性的基础上投入工作。光是口头说明恐怕有些部分难以理解，希望您能配合资料来说明。”

1周后，淡野以在董事会上说明的资料为基础再次向员工讲述了导入系统的必要性和能给系统开发部带来的好处。最初员工们依旧漠不关心的样子，但随着说明的深入逐渐产生了兴趣，在说明结束时所有人都表示：“这个作业果然是有必要的，而且不能丢给部下去做，只能我们亲自来。”

之后3天，淡野陆续接到了作业成员组发来的邮件和打来的电话，几乎都是与手册上、最初说明会上所说的内容相关的问题。淡野终于忍不住对连续打电话来询问的伊达说道：

“伊达君的问题和其他所有人的问题我不是都已经在之前说明过了吗？那时大家明明都说明白了，为什么现在还来问我呢？”

伊达有些惊讶地回答道：

“当时我确实以为自己明白了，但那时候并没有把它当作自己的事，所以只考虑该作业是不是自己熟悉的工作，由于它没什么新内容，就觉得自己大致了解了，但是实际亲自操作后才发现很多细节部分有问题。”

他又接着说道：“如果单独回复太麻烦的话，我建议还是再开一次手册说明会，听完之后应该就懂了。”

解说

在向顾客销售本公司商品时，为扩大事业而录用人员时，或者让上司认可自己的提案时，首先都要让对方正确理解自己的想法，使对方产生共鸣等具体行动都是之后再考虑的问题（进一步促进共鸣，从而影响行动的“说服”将在第3章中解说）。如果在对方还未正确理解自身想法的基础上先采取行动，反而容易产生负面效果。

本章首先将全面地说明在传达中如何构筑合适的交流组合。此外，本章后半部分还将对近年来在传达中显得越来越重要的演讲报告重点介绍。

虽然正确的传达被认为是交流的首要阶段，但回顾我们的日常生活和商业场合会发现，要让对方充分理解自己的想法不是一件易事。“自己想要传达的东西与对方所理解的完全不同”“努力解释了，对方却根本不明白”“明明在说重要的事，对方却根本不想听”等情况屡见不鲜。

出现这种情况大多是由于自己没能充分掌握让对方理解的必需要素，因此我们先来看要让对方“理解”应该注意的要点。

以下所述的“说明”场景只限于一般商务人士向相关人员传达内容的场景，即只限于利用文书和电子邮件的传达以及演讲报告，不包括大众传媒这类公共性较高且面向不特定多数受众传达的场景。

各要素的组合：交流组合

在思考第1章中介绍的3个前提（目的、传达者、接受者）的基础上，决定适合不同场景的交流方式（内容、语调、媒介、传达状况），这是标准的顺序，而这在交流方式的组合就被称作交流组合。

这不仅可以用于传达，也可以用于下一章将要介绍的“说服”场景。案例2中的交流组合如图表2-1所示。

图表 2-1 案例 2 的交流组合

内容（传达内容）	具体变更的细节及其顺序
语调	淡淡地
媒介	面对面 + 作业手册
传达状况	一次性全部说明传达内容 按具体的作业顺序说明 选择符合所有接受者行程的时间

图表 2-2 说明流程

说明的流程

在详细介绍说明的交流组合构筑方式之前，先来确认“说明”是以怎样的流程进行的。大致来看，分为图表2-2所示的3个步骤，基本与交流的流程相同。

一、准备

首先进行准备。其目的是在稳固前提（目的、传达者、接受者）的基础上，构筑应对各个场景的交流组合。先根据这时应该做好的思想准备来阐述。

不同的说明目的，准备的量也大有不同。如果只是站着聊聊天的话当然不需要认真准备，但如果是对多名听众做长达1小时的演讲报告的话，当然就要悉心准备了。

另一个准备时的要点则是不要“孤注一掷”。即使已经细致地准备好了特定的交流组合，也要避免无任何替代手段的状态。尤其是在设定作为交流组合前提的接受者状态时，人们往往容易犯这种错误。

要时刻提醒自己，准备是为了让下一步的成果最大化。

二、进行传达（说明）

接着根据准备阶段制作的交流组合来进行实际的传达（说明）。这一阶段应当注意的是尽早发现准备阶段没预测到的事态，并做出应对。

最理想的状态是在准备阶段就预想到所有突发要素，但事实上这是不可能的。这里的关键是应对时不要过度拘泥于准备阶段提供的资料，比如即使制作了华丽的演讲报告，但一旦发现资料内容与接受者想了解的内容不同，就应该舍弃资料，灵活地改为口头说明。

三、事后跟进

结束了传达（说明）后，如果就这样置之不理的话，效果将会减半。要进一步提高效果，就要跟进接受者。为了提高对方对自己所说内容的理解度，加深其印象，在说明结束后还应该有后续工作。

此外，回顾说明流程也很重要。这时所得到的成功体验和失败体验都将充实自己独有的交流风格。

让接受者最大程度地理解内容

在具体介绍交流组合的制作方法之前，还有一个要点希望各位注意，这就是让接受者理解的流程。

即使是说明同样的内容，有些人的说明让人觉得简明易懂，有些人的说明则让人一头雾水，听到一半就腻了或想睡觉。这种情况的起因大多是内容不佳，但也可能是因为未能按便于他人理解事物的流程来说明所导致的。

图表 2-3 注意让接受者理解的流程

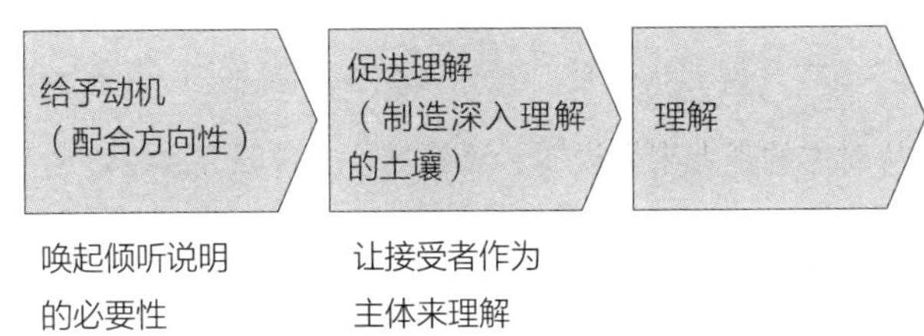

换言之，是否以“唤起必要性”“促进理解”“确实地理解”这一流程来进行说明，会产生不小的理解难度差（图表2-3）。像这样多加利用流程的“结构”，在批判性思维的应用篇中也是关键的要点。

这里我们从3个观点来看各流程中究竟有哪些要点。如果能完美地按这种流程推进来设计交流的话，交流效果将戏剧性地提高。

一、阶段1：唤起必要性

无论说明有多热情真挚，只要接受者对此不感兴趣，就不可能听进脑子里。在向对方说明某个内容时，首先要做的是让接受者产生“想了解”的心情。换言之，就是理解该说明的必要性。

实际上这是在说明时最难的步骤之一。当接受者不感兴趣时，要让对方认为有必要倾听说明内容需要传达者具有极强的能力，在这一阶段仅凭阐述“主张的正确性”是不够的，必须做以下工作。

（一）从接受者的角度来说明

首先，不能只偏向于阐述“我做说明的必要性”，更要站在接受者的角度，从对方的观点来做说明。比如对员工说明人事制度变更时，仅从与企业战略的统一性背景来说明的话，很难引起员工关注。

如果从人事制度的变更能给工作方式和生活带来怎样的变化这一观点出发进行说明，就能唤起员工对此的关注，对“具体会产生怎样的变化”产生兴趣，从而认真倾听。

（二）让接受者思考必要性

另一种做法是让接受者自发地去思考说明的必要性，通过促进思考这一行为来加强想要了解的意识。

以之前所说的人事制度变更为例，可以以这样的形式来提问，如：“公司会为这次的人事制度变更支付这种程度成本，各位觉得为什么要为这次变更支付这些成本呢？”这与第5章中解说的“训练”属于共通的思维。

二、阶段2：促进理解

当接受者认可了说明的必要性后，并不意味着就促进了他们的理解。要加深理解，需要构建让接受者自发想要去理解的环境。通过这种环境的构建，让接受者发现自己能够理解和不能理解的部分，而后深入理解。

这时传达者要和接受者一起掌握接受者能理解和不能理解的部分，然后对不能理解的部分做重点说明，形成促进理解的流程。

促进理解的流程分为以下2个阶段。

（一）掌握理解的部分

首先必须掌握接受者理解和不理解的部分，并运用以下手法。

1.提问

针对接受者觉得自己不够理解的部分，先不做说明，而是试着提问。通过提问来摸清他是已经理解了还是尚未理解。

2.让接受者用其他方式来说明

让接受者用其他方式来解释自己先前说明的部分，以此掌握对方是表面理解还是真的理解了内容本身。

（二）促进理解

接着为了让接受者完全理解说明内容，要帮助他理解尚未理解的部分。这时不必做彻底的说明，利用询问的手法会更为有效，例如："以之前的说明为基础，你认为遇到○○的状况，A 和 B 的应对哪一个是正确的？""经常会出现……的情况，以之前的说明为依据，你认为这种情况应该怎么做？"

我们往往喜欢针对接受者不理解的部分做详细说明，这种做法有时是有效的，但容易导致以接受者为主体，按他的思维来理解。

三、阶段3：让对方真正理解

最后的步骤是实现真正理解。在这一阶段大致说明整体的流程能产生更好的效果，因此要注意以下几点。

（一）与之前的内容相关联

最后的总结性说明时，我们往往容易无视之前的流程，这会导致与接受者已经成型的理解之间的联系被切断，反而妨碍理解。因此重点是在确认之前流程的同时要保持关联的意识。

（二）让对方用自己的语言做总结

要让接受者完全理解内容，就要让接受者用自己的语言来整理所理解的东西。因为如果不能很好地理解内容，就不可能用自己的话来阐述某件事。此外，通过这种方法还能让接受者弄清自己理解不足的地方和理解错误的地方。

以上介绍了帮助理解的流程，但并不意味着每次交流都会经历这些阶段，或者说经过这所有阶段才能让接受者理解的情况其实十分少见。

但通过抓住各阶段的要点，能够更为有效地进行说明。比如当你想要用邮件向对方传达什么的时候，先从你认为对方可能不理解的点来下功夫，就能在实际交流中加深接受者的理解。

构筑交流组合

接着要考虑的就是如何组合各种要素来向对方进行说明，即如何构筑交流组合。

首先来看以下的案例3，配合案例1和案例2来讨论交流组合的哪部分出现了问题。

案例 3

虽然过程迂回曲折，但在系统开发部与顾问给予建议的帮助下，新系统最终平安完成了。接下来就是向市场营销部的员工说明新系统的使用方法。

经过了与别当部长和系统开发部的一系列交流后，淡野明白了贸然的说明起不到多大效果，要最大限度地让市场营销部的员工理解内容需要先下功夫。

“之前对于系统开发部的说明不够充分，必须先介绍导入新系统的必要性，如果这一步走错，后面将非常麻烦，所以需要在这部分花点时间。至于实际的使用方法，反正有手册，大部分内容看完手册就懂，对于这部分花太多时间说明的话可能会给人拖沓的印象，所以只介绍最低限度的重点即可，毕竟他们也有使用其他系统的经验，实际操作起来应该能立刻抓住要领吧。

好了，那将说明分成两次应该不错。第1次介绍导入系统的必要性和最低限度的功能，第2次先让员工阅读手册，再由他们对不懂的部分提出疑问。这样一来不仅能缩短时间，也没什么需要重新制作的特别资料，只要有操作手册足够了。那对于必要性的说明要不要先做笔记呢？都是一起工作的同事，应该不用特意准备什么资料吧。”

淡野怀着这样的念头，快速地确认了市场营销部员工的日程后，选定了所有人都合适的会谈时间。

会谈当天，淡野到达会议室后发现已经有五六名员工正聚在一起谈笑，其中一名叫作船井英夫的人向淡野打了声招呼：“淡野，我听部长说引进了不得了的系统，不知道究竟怎样，我非常期待啊。”

船井的话让淡野十分受用，心想：“不愧是市场营销部的员工，和我具有同样的问题意识，看来说明起来会很轻松。”

确认参加者都到位之后，淡野开始了说明。按之前预定的那样，他先介绍了导入新系统的必要性以及对市场营销部的重要性，接着最低限度地介绍了使用方法的要点，之后一边分发使用手册一边按手册说明，最后就这样结束了会谈。

“各位稍后还有其他工作吧，那么今天就到此为止了。下一次会谈设定在2周后，期间请各位阅读配发的手册，如果有疑问的话到时请提出来。”

说明会后过了2天，参加了会谈的远藤与淡野聊起了新系统的话题。

“哎呀，淡野君的说明真是简明易懂，针对要点的说明很便于理解。手册上的内容虽然很多，但抓住要点来说明后，阅读起来也简单。当时没详细介绍手册内容是正确的，不愧是淡野君。”

远藤的评价比淡野的预想更高，这让他十分开心：“是吗？我也觉得从参加者的角度来看应该不会有不懂的地方。”

1周后，淡野与营销一科的科长站着聊天时，科长皱着眉头小声说道：“淡野君，之前你不是对新系统做过说明吗？但我听员工说不太明白内容，这系统有这么难吗？”

闻言，淡野十分意外地回答：“奇怪了，我针对重点做了说明，又分发了写有详细细节的手册，应该不会有不懂的地方吧。船井和远藤也表示我的说明非常简明易懂啊。”

“你对重点做了哪些说明？”

“介绍了导入新系统的必要性和对于该部门的定位等。”

闻言，科长一脸无奈地道：

“淡野君，你说的那些东西任何一名员工基本都知道，船井等人可能是由于系统工作经验较多，所以能理解你的说明，但操作系统的人并不都和他们一样熟练。这些员工想了解的是该系统有怎样的特征和功能，以及实际该如何操作。你让他们自己去阅读手册，就是没尽到说明的义务啊。”

* * *

所谓交流组合，是指根据目的、传达者、传达者的状态来构筑内容、语调、媒介、传达状况的组合。内容会在将自己想要传达的东西和接受者分析的结果做统一的基础上逐步做修正。而语调、媒介和传达状况则是从接受者分析的结果中选择最适合的一项。当然，此时也要随时确认它是否符合交流组合的说明目的。

本节将以案例1~3为基础来思考交流组合的构筑和修正方法。

各案例中的交流组合

以3个案例为题材分析各种交流组合，从接受者的状况出发来思考构筑最合适的交流组合的过程。

案例1：向上司说明顾客管理系统的导入。

案例2：委托系统开发部的员工开发顾客管理系统。

案例3：对市场营销部的员工说明新系统的概要。

这3例的结果都不令人满意。在各案例中，淡野构筑了怎样的交流组合呢？图表2-4进行了总结。

图表 2-4 各案例中的交流组合

	案例1	案例2	案例3
目的→	希望对方认可导入新系统	想要委托对方开发新系统	希望对方理解新系统概要
内容（传达内容）	新系统的功能、特点	具体变更细节及其顺序	导入新系统的必要性和对于市场营销部而言新系统的定位
语调	（即使紧张也要）平静	平静	自信而悠然
媒介	面对面＋演讲报告资料	面对面＋作业手册	面对面＋笔记
传达状况	•资料完成后选择尽可能早的时间 •一次性说明所有想要传达的内容	•一次性说明所有想要传达的内容 •按照具体的作业顺序来说明 •选择适合所有人的时间	•只说明必要性的部分 •预定再次回应关于手册内容的疑问 •预定让接受者认识到导入系统的必要性后再说明具体的使用法

从这张图表来看，无法断言这些交流组合是好还是坏，重点在于（传达者在了解自己的基础上）是否根据接受者的状况来做出了最合适的选择。那么接受者处于怎样的状况呢？如图表2-5所示。

像这样整理之后，我们能清楚地看到淡野的交流组合究竟哪里出了问题。那么试着来思考各案例中有什么问题，又该如何修正吧。

图表 2-5 各案例中接受者的状况

	案例1	案例2	案例3
接受者是谁	别当部长	系统开发部员工	市场营销部员工
接受者的立场	对新系统导入做出决策	为导入新系统提供帮助	使用导入的新系统
接受者的关注点	关注是否能提高市场营销部的业绩	不关心	关注度高
接受者的知识、理解水平	虽然不理解系统的详细内容，但理解它对于市场营销部的重要性	非常了解系统的内容，但没有导入新系统的相关背景知识	虽然不理解系统的详细内容，但理解导入新系统的必要性
接受者的情感状态	忙碌，略微烦躁	觉得麻烦	觉得不错
预想的反应	既然想提高市场营销部的业绩，预想态度应该是积极的	由于是附加业务，预想会有消极反应	积极
与接受者的关系	上司与部下	无直接关联	同僚

（一）案例1：对别当部长的说明

这个案例中，淡野的目的是让别当部长接受导入新系统的提案，那么理应弄清交流组合的构筑是否是围绕着这个目的。另一方面，要了解别当部长作为接受者处于怎样的理解阶段，则要利用阶段2的“理解促进”，也就是促进他理解新系统对于市场营销部具有怎样的意义，在注意这一点的基础上来看交流组合的各要素。

1.内容

考虑到别当部长作为接受者的关注点，应该说明的内容要从“新系统能为市场营销部提高业绩做出多大贡献”这一观点来归纳。因为无论怎样强调系统的具体功能和特点，以别当部长的知识水平都很难理解。此外，从他的立场来看，应该还会有其他可能用于市场营销部的措施，可以在说明时与这种措施做比较，表示自己提出的才是更具优势的措施。

但在案例1中，淡野是从功能开始说明的，而这并不是能引起别当部长兴趣的内容。当然，功能和特点是导入新系统的原因之一，但对于部长而言这并不重要，因此必须从他的视角来重新组建应该说明的内容。

再看该案例的后半部分会发现，淡野并没有配合接受者的兴趣来修正内容。别当部长所重视的点的确是“差别化”“提高服务品质”“提高顾客满意度”，但这里应该配合别当部长的话，说明“通过导入新系统，能在哪些方面实现与其他企业的差别化”。

淡野想要直接回答别当部长的需求，但最终应当以部长所说的话本身为内容中心来做说明。此时应该思考接受者的立场与判断的流程，再决定以什么内容为中心。

2. 语调

这个案例中，语调相对其他要素来说并没有什么大问题，但如果想要更为热诚地说服他人，语调应该更具感情。

3. 媒介

像该案例这样需要说明信息量较大的内容时，面对面交流是最理想的状态，但从别当部长和淡野的情况来看，其实很难有适合面对面说明的时机，那么就必须考虑其他媒介来作为替代方案了。

淡野利用了顾问给他的报告资料作为媒体，但这是否合适仍是个疑问。

如别当部长发言中提及的那样，给他总结了导入新系统的必要性和优点的笔记其实是最合适的媒介。而后如果有不明之处再面对面交谈，这样就能达到最好的效果。

4. 传达的状况

考虑到接受者的状况，淡野必须做的是“如何让别当部长理解新系统与提高市场营销部的业绩息息相关”。但别当部长似乎正处于忙碌之中，而淡野在这种状况下却打算一次性传达自己想说的内容，这就与实际状况相冲突，造成了反效果。既然对方没有时间来充分理解内容，淡野这种一次性的说明显然不可能被对方接受。

这时给予别当部长能短时间内理解且促进理解的简短信息会更为有效。

（二）案例2：对系统开发部员工的说明

这一案例的目的是让系统开发部员工协助系统开发，要该部门员工作为接受者理解说明内容，很明显需要让他们明白阶段1中所述的必要性。

1. 内容

试着分析系统开发部的员工后发现，他们虽然拥有系统开发相关的丰富知识，但并不清楚自己为什么要协助更改新系统的规格。换言之，从理解流程上来看，必须将最初的“唤起必要性”作为重点，因此在传达规格变更的具体内容之前，需要传达“为什么委托系统开发部变更规格”。

然而淡野却直接开始说明规格变更的具体顺序，这会导致即使系统开发部的员工理解了说明内容，也无法与具体行动挂钩。

2. 语调

虽然案例中并未明确说明淡野的语调，但推测他在1小时内都保持了无起伏的，淡然的语调，而对兴趣不高的对象公务性地传达事物是很难起到作用的。

此外，在对方提出质疑时，淡野本人原本想以幽默的回答来调动气氛，但却造成了反效果。幽默与玩笑虽然是促进交流的有力武器，但如果弄错使用方法和使用时机，反而会给对方留下不好的印象。

专栏：幽默与玩笑的作用

幽默不一定等同于玩笑。幽默的重点是出人意料的机智，并不一定要逗对方笑，但玩笑则是以逗乐为目的。

幽默要求一定程度的智慧，如果使用巧妙的话会给人留下头脑聪明、思维灵活等印象。此外，对想要传达的要点加以幽默的修饰更容易让对方记忆深刻，但如果未处于共享背景下，也容易被误解、曲解。

欧美非常尊敬具有幽默感的人，这在交流中也是有利的。而日本也并不排斥幽默，只不过不如欧美那样追捧，因此在使用时需要多加注意，尤其是针对第一次见面的对象或上司时需谨慎使用。

玩笑的主要目的则是通过逗乐来缓和现场气氛，此外还能让人对该交流留下一定印象。这在欧美也被认为是贵重的财富，但在日本要慎重使用。虽然具体得视状况而定，但一般而言，日本（除关西部分地区以外）重视诚实高于玩笑，尤其是对关系尚浅的人，后者往往更为有效。如果接受者是自己的上司，那么不建议开玩笑。

3. 媒介

淡野分发了手册并说明了内容。前面已介绍了将手册作为说明内容的优缺点，这里从媒介角度来考虑的话，将这种近似于报告文件的东西用于这种场景是否妥当仍存在疑问。报告文件需要接受者充分阅读才能理解并发挥作用，在口头说明的同时将它分发给对方，反而会阻碍理解。

我认为这里选择的媒介应该以演讲资料为主，口头说明为辅。

4. 传达状况

首先，考虑到接受者为多人，应当避免将说明分为多次。也就是将内容归纳为一个要点，在一次性的说明中让接受者理解。同时还要预想到接受者的反应可能不够积极，在此基础上思考出最大化理解的说明方式。

其中一种做法是事先让接受者在一定程度上认可必要性，再设置合适的说明场合。比如淡野可以让作为接受者的上司在最低限度上认可导入系统是“公司有必要做的事”，之后再让员工同意其必要性，在做具体的委托内容说明的同时确认接受者的反应。这种做法应该是有效的。

（三）案例3：向市场营销部员工说明

这里的目的是让市场营销部的员工理解新系统的使用法，并将其投入运作。但回顾市场营销部员工作为接受者的理解过程会发现和别当部长一样，都有阶段2的理解促进阶段。

1. 内容

淡野传达给市场营销部员工的内容是导入新系统的必要性，但从他们作为新系统使用者的立场来考虑的话，他们更想要了解的其实是如何去实际操作系统，以及该系统具有怎样的功能与特点。但如此重要的内容，淡野却只让他们自行阅读分发的手册。

与前两个案例一样，这里也并非内容本身出了问题（内容不具备统一性），而是从接受者的角度来看，应该传达的内容重心出错。

2. 语调

与前两次相比，这次的准备更为充分，传达时应该充满了自信，并且实际上也获得了老练员工的高度评价。但由于应该传达的重点内容不合适，导致正确的语调也没能发挥作用。

3. 媒介

案例3中的媒介选择的注意要点是接受者知识水平的不平均。接受者中有觉得淡野的说明简明易懂的人，也有一头雾水的人，这就是接受者知识水平的不平均。

不仅限于这个案例，当我们面对多个接受者做说明时，接受者之间知识水平有差异其实是常见状况。在这种情况下，如果是利用面对面这一媒介，那么比较推荐的方法是在开始说明之前对参加者稍做了解，掌握他们的知识水平。

但案例3中虽然是面对面交流，但淡野似乎并不了解参加者知识水平的不平均，这也是没能有效利用面对面这一媒介的典型例子。

并且淡野使用了笔记和手册这两个媒介。从他与接受者的关系来考虑的话，利用笔记这一媒体是妥当的，但只将手册分发下去，让接受者过几天再提出疑问，这一方式可能会让部分接受者不知道究竟该做什么。这时可以考虑用笔记总结手册中哪些部分比较重要。

4. 传达的状况

该案例中，考虑到接受者为多人，且表现出积极的反应，那么直接传达主要信息是最有效的。不过由于内容涉及多方面，所以要注意说明顺序，不能单纯按照手册的顺序来介绍，而需要根据典型的操作顺序或者从操作频率较多的部分来做说明。

通过这一系列的分析就知道在所有案例中，淡野该选择怎样的方式了（图表2-6）。

图表 2-6 各案例所期望的交流组合

	案例1	案例2	案例3
目的→	希望对方认可导入新系统	想要委托对方开发新系统	希望对方理解新系统概要
内容（传达内容）	导入新系统的必要性和好处	变更规格的必要性	新系统的使用方法、功能、特点
语调	观察对方的反应，以慎重的语气（但要保持自信）	观察对方的反应，以慎重的语气（但要保持自信）	自信且悠然
媒介	面对面 + 笔记	面对面 + 演讲资料	面对面 + 详细手册
传达状况	• 首先让对方想要听更多内容，之后再做详细说明	• 首先让对方想要听更多内容，之后再根据需要做详细说明	• 说明手册的要点，根据需要回答疑问

希望各位读者在回顾过去的各种交流时也能确认自己是否选择了合适的交流组合。

期待各位具备健全的精神，在客观掌握自己与接受者所处环境的基础上，构筑并实践针对目的、具有统一性的交流组合。

跟进

当然，构筑了交流组合并进行说明也并不意味着达成了目的。人的记忆是有限的，随着时间的流逝会忘记不感兴趣的东西。

要避免这种状况，就需要跟进。跟进的目的是加深并延长接受者的记忆，而达成该目的的方法就是采取各种积极的措施，这里举以下几个例子。

一、再确认

例如寄送再确认的问卷，或者发送同样内容的邮件，或者制作归纳说明内容主旨的笔记等。总之通过与说明方法不同的方式再次确认内容，以此引起接受者的注意。

二、确认理解度

仅靠接收信息和情报是难以加深接受者理解的，因此对说明内容提问，或者让对方发表关于说明内容的感想，以此让接受者站在主体的角度去理解，就能使效果长时间持续。

三、提供追加信息

追加新的信息有时也能防止接受者记忆变淡。通过阶段性地追加必要的信息，让其持续保持理解的意欲，从而有可能加深理解。

有效的演讲报告

本节将介绍用于重要商谈、企业对外说明会或者面向经营层的说明等重要场合的演讲报告这一交流方式，解说其结构及有效的实践方法。

一、演讲报告的步骤

首先来看步骤，演讲报告的基本流程是准备→实施→跟进。准备又大致分为对目的和对接受者的分析，以及实际资料的制作两方面。

对目的和接受者的分析和跟进与之前所述的内容并没有多大不同，因此这里重点集中介绍资料的制作、实施。

（一）资料的制作

资料的制作包括“决定整体信息”“设计故事线”“制作幻灯片”这3个步骤。

1.决定整体信息

在充分研究目的之后，决定演讲报告整体要向接受者传达什么内容，这也是最重要的流程。

2.设计故事线

考虑以怎样的流程来说明核心信息、次要信息以及各自的根据才能促进接受者理解，加深其印象，给予接受者影响。

3.制作幻灯片

为了巩固故事线，以便于接受者理解的具体形式将部分信息制作成幻灯片。

（二）演讲报告的实施

利用完成的资料，以具有说服力的语气和令人印象深刻的动作向接受者展示并传达信息。

优秀的演讲报告必须在一定程度上满足这些选项。此外，“决定整体信息”的具体内容在第2章和第1章中都有涉及，所以以下主要解说“决定故事线”和“制作幻灯片”。

二、故事线的设计

所谓故事线，就是指到达结论的一系列信息流程，同时也是引导接受者的认识与思维的流程。良好的故事线也可以视作让接受者理解和认可的最有效的流程。

从这一观点来看，创作故事线时的需要注意的理论如下。

• 使接受者理解各部分的“定位”，避免其陷入迷茫。

• 先展示整体状况，使接受者有“接收信息的准备”。

• 不要违背思考的自然流程。

• 一边确认现在话题的走向一边推进。

• 让接受者保持兴趣。

• 让接受者的脑海中浮现出基于理解的问题（期待），并回答该问题（期待）。

• 集中说明接受者感兴趣的重要论点。

故事线其实就是关于应该从哪个部分开始传达的争论，即“传达顺序”，希望各位能以金字塔结构的稳固理论来构筑传达内容的整体流程。

此外还有一些方法能帮助人从视觉上了解目前话题的进展，例如在幻灯片中加入光圈等（图2-7）。建议大家都像这样时刻注意花点心思帮助接受者理解。

图表 2–7 光圈的例子

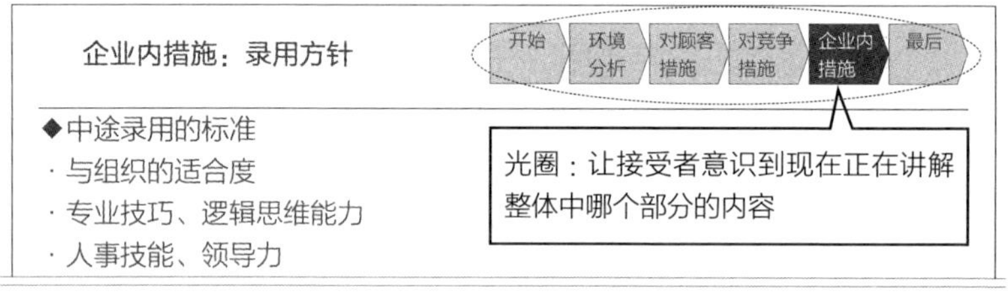

企业内措施：录用方针

开始 | 环境分析 | 对顾客措施 | 对竞争措施 | 企业内措施 | 最后

◆中途录用的标准
· 与组织的适合度
· 专业技巧、逻辑思维能力
· 人事技能、领导力

光圈：让接受者意识到现在正在讲解整体中哪个部分的内容

三、典型的故事线

构成演讲报告整体骨骼的大致故事线有多种，但常用于商务演讲中的类型大致分为以下4种，另外还有处于它们中间的混合型。当然，合适的故事线会强烈影响目的和接受者的状况。

（一）问题解决型

指出问题点，在分析其要因的基础上提出解决对策的故事线。针对接受者的痛处，引起对方兴趣，对听众的关注点提出解决对策，以此增加说服力。这在解决烦恼的咨询顾问等领域是极为有效的手法。

< 例：针对人事咨询顾问公司的潜在顾客的演讲报告 >

提出问题：贵公司的优秀年轻人离职率增加。

↓

要因分析：访问贵公司年轻员工后得知，主要原因是由于得不到有发挥余地的工作，丧失了工作意义。

↓

提出解决对策：应当改革人事制度，例如将优秀员工提拔为店长等。

↓

行动：本公司通过这次人事制度改革的咨询，得到了○○实绩，所以应该采用。

（二）自上而下型

按照金字塔结构，先表明结论，接着再解释根据并进行说明的流程。当接受者是经营者等时间宝贵的人，或者经过多次说明后与接受者共享某种程度的背景时，自上而下型的演讲报告就非常有效。

< 例：股票抛售提案 >

结论：出售 A 公司的股票。

↓

理由1：A 公司的股票价格过高。

↓

理由1的根据：财务分析所得出的适当价格低于当前股价。

↓

理由2：在作为损害赔偿的被告的诉讼中可能会支付高额赔偿金。

↓

理由2的根据：同业者B公司在同样的诉讼中败诉，被要求支付高额赔偿金。

↓

结论（再确认）：出售A公司的股票。

（三）起承转合（序破急）型

该流程是首先介绍报告的背景和现状，在一定程度上得到了对现状的认可之后，提出根据，传达想要传达的信息，最后进行总结。起承转合原本是用于汉诗、散文或短篇小说中的故事线，使情节一步步推进，直至高潮的手法。在商业场景中，往往适用于时间较为充裕或想要加强对现状的认识的场合。

序破急的“序”与“起承”基本类似。与起承转合相比，序破急到达结论的速度会更快一些。

<例：针对商品A的对策>

起：商品A的销量难以提升。

↓

承：这会引发〇〇事态。

↓

转：但竞争企业 A 公司以○○方式获得了成功，并且市场反馈还有以下内容。

↓

结：我们是不是应该尽快实施以下对策呢？

（四）故事型

该手法不以“为什么”的形式展示理由，而是以唤起接受者想象的方式详细描绘（未来的）故事，通过刺激人积极且富有活力的思维来说服对方。

<例：新战略的说明>

结论：我们今后将按照这种战略来发展事业。

↓

故事：通过实行这个，顾客表现出了○○的反应，而我们实行○○，得到了进一步的○○效果。另一方面……

↓

结论（再）：为了实现这些，也为了让各位能更积极地工作，我们今后将按照这样的战略来发展事业。

四、个别区块的构成、顺序

决定了作为骨骼的大致故事线之后，就要考虑构成流程的各个部分，即“意义区块”中的细微构成和顺序。虽然不同演讲报告的长度有所差异，但通常各部分包含2~5张幻灯片。

重点在于如何才能自然地引导接受者的思维。以下介绍代表性的构成、顺序范例。

（一）从整体到个别

展示整体状态之后再介绍个别内容的方法。通过最初了解整体印象，能帮助明确要说明的内容处于怎样的定位。

（二）按照时间顺序

根据事物发生顺序等，按时间说明的方法，也被称作配合人类感觉的构成。

（三）优点和缺点

提出某个措施时常用的方法。按照优点→缺点的顺序推进比较常见，但有时也会根据听众的状况反过来，按照缺点→优点的顺序推进。

（四）重要度的顺序

需要灵活地改变演讲报告时间的情况下常用的方法（如向领导报告）。由于一开始就说明了重点，所以必须在维持接受者的注意力上下功夫。

无论是采用哪一种方法，都要在告一段落后回顾概要和重点，从而将其与下一步的内容联系起来，让故事线清晰易懂。

五、幻灯片的制作

幻灯片的典型如图表2-8所示，制作时的重点如下。

- 标题只显示该幻灯片的主题。
- 一张幻灯片一个信息。如果要传达的信息不止一个，则分成数张。

图表 2-8 幻灯片的典型版式

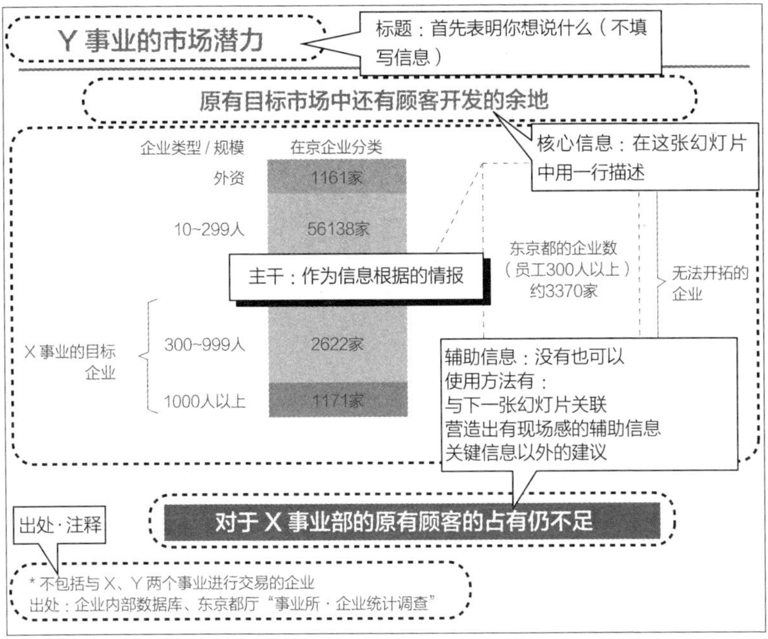

• 由主干内容来印证信息。换句话说，就是将主干部分所示的 so what 分成各个幻灯片的信息。

• 期望的状态是只阅读标题与信息就能了解演讲资料要传达的内容和整体的完成度。

• 尽可能用大字体。尤其是手边没有资料配发给接受者时，这是必需条件。无论内容有多完美，只要接受者看不见就毫无意义。也许会受物理条件限制，但原则上文字要选择18号以上的黑体（图表2-9）。

图表 2-9 文字大小

28 号黑体

24 号黑体

20 号黑体

18 号黑体

16 号黑体

14 号黑体

12 号黑体

10 号黑体

此外，虽然近年来动画十分常用，但草率地在幻灯片中加入动画反而会让人觉得杂乱，如果要用的话，建议彻底制作成视频型幻灯片，否则要站在接受者的角度尽量使动画清晰有序。

六、幻灯片的形式

幻灯片根据主干类型分为如图2-10的5个种类（当然，另外还有融合型或例外型）。

理想的状态是将这些类型幻灯片根据实际状况来区别使用，但考虑到演讲报告这种传达方式的特性，要尽可能地利用图表和图画等使其视觉化，再口头补充幻灯片中放不下的文字（图表2-11至图表2-15）。

图表 2-10 幻灯片的类型（主干种类）

类型	用途
图表	希望接受者记住基于定量调查的研究报告时 • 分类、分布状况、趋势 / 倾向、顺序 / 相对地位、互相关系
文字	希望接受者记住所提出的内容时 希望接受者理解自己的思维和逻辑流程时
评论	希望接受者理解第三方视角和思维时 希望接受者产生现场感时
表格	希望接受者记住基于定量调查的研究报告时 希望接受者记住特定数值或数值的计算方法时
插图	希望接受者从观感上理解事物构造时

图表 2-11 图表幻灯片的例子

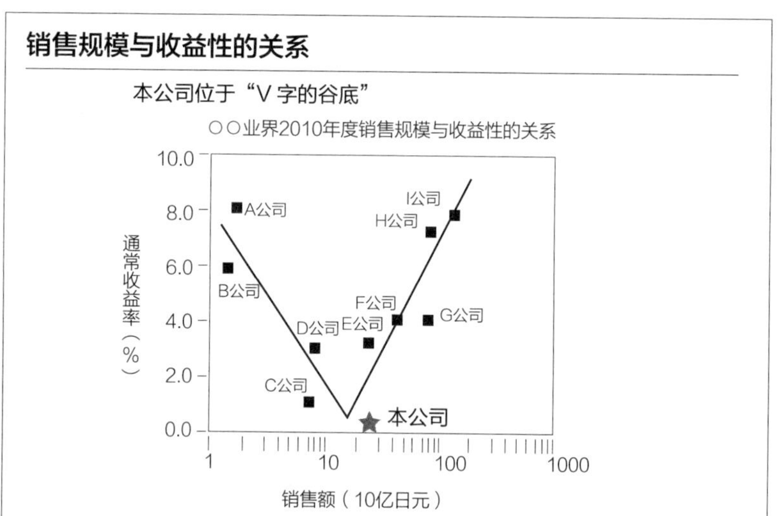

图表 2-12 文字幻灯片的例子

建议重点 ~ 与 A 公司合作的相关基本方针

- 想要在将来继续维持当前双赢关系的 3 个要点

保持 Y 事业领域合作的基本框架的现状
进一步展现在 X 事业中与 A 公司联合的“可能性”，吸引对方
但对于将来可能成为竞争力源泉的业务，不能将主导权交给对方

- 与 A 公司联合的具体领域（X 事业）

已有合作领域：商品的互相供给，Web 网页合作
新的合作领域：零件调配的共同化，海外企业的开拓，物流子公司的设立（仅限于本公司掌握主导权的情况）

- 不能让给 A 公司的领域

Y 事业：下一代商品相关的开发技术、生产管理技巧
X 事业：整体的事业统合、大型顾客基础、与其他公司合作的自主权

图表 2-13 评价幻灯片的例子

对商品 <X> 的价格认知

即使果断进一步降价，提高销售额的可能性也不大

“平常都会买2000日元左右的商品，因为觉得1000日元以下的商品含有危险成分，会避免购买”
（敏感肌用户，33岁女性）

“在去商店之前会先决定好买什么，所以店员推荐之类的、店头标注的价格什么的都不是很在意。”
（对时尚敏感的用户，28岁女性）

“我之前偶然间在店里被推荐买了 <X>，非常喜欢所以回购了，没有比较其他品牌的价格”
（保守 / 固定用户，36岁女性）

出处：焦点团体访谈（2011年10月）

图表 2-14 表格幻灯片的例子

保证类型的比较

退款保证执行容易，但效果存疑

	退款保证	产品能力保证	服务对应保证
执行容易吗	○	△	○
顾客期望吗	×	△（对大型客户有效）	○
顾客容易理解吗	○	△（定义暧昧）	△（解释余地过大，太复杂）
能提高公司的品质意识吗	×（会赶走不满意的顾客）	○	△（仅限服务修理部门）
竞争企业模仿困难吗	×	○（如果 X 公司产品提高的话）	○（如果 X 公司的顾客应对部门强的话）

图表 2-15 插图幻灯片的例子

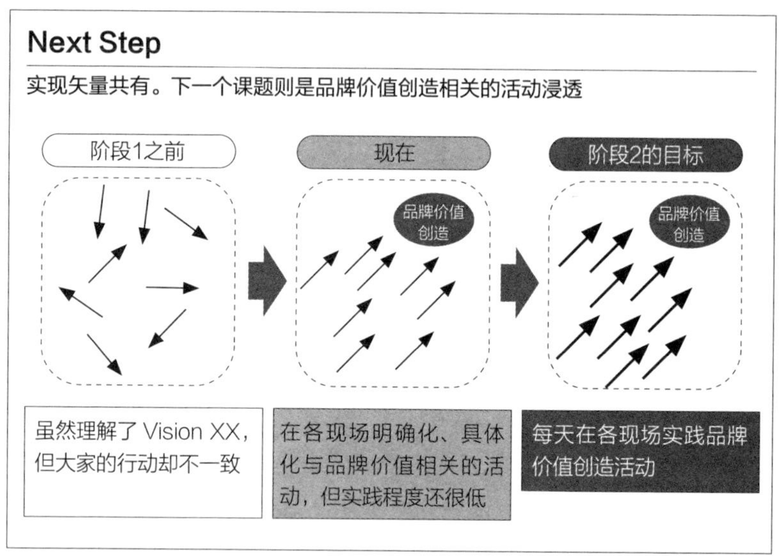

七、演讲

实际演讲时要遵循以下原理。25页中所示的麦拉宾实验也一定程度上符合演讲原理，即与接受者目光接触，展现自信的态度。

（一）态度

- 开朗，充满自信的态度。
- 良好的姿势（低头不利于声音的传达）。

• 不骄不躁，从容。

（二）说话方式

• 大声（尽可能用腹式呼吸，注意“气沉丹田”。在开始之前做点“喉咙准备运动”会更为有效）。

• 适度的停顿、起伏、抑扬顿挫。从始至终一个音调会让接受者想打瞌睡。

（三）目光接触

• 用眼神与接受者建立联系。

• 不要只看一处，应当扫视接受者。

• 确认接受者的理解度。

• 对于特别重要的接受者，需要偶尔持续2秒以上的目光接触。

（四）说明的方式

• 逐字逐句地念出写好的东西是浪费时间，要抓住重点进行说明。

• 要意识到“投射到屏幕上的内容 + 演讲发表”才是演讲报告的完成。

• 尽量不看屏幕，只看接受者，为此需要将演讲内容记在脑中。

• 尽可能站在离屏幕较近的地方，让接受者能同时将屏幕与演讲者都纳入视线范围。

注意以上要点是基础，此外还建议在演讲之前进行彩排。如果可能的话尽量在接近正式场地的地方，确认环境设定，最好是在同环境下进行。

彩排时需要注意的要点如下。

• 将自己放在与正式演讲同样的状况下，确认时间分配和器材的运作方式，让自己的身心习惯该环境。麦克风、幻灯机、录像机、讲台、指示器、照明等会用于正式讲演的东西都要在彩排中使用一次。

• 让能给予坦率反馈的人到场。

• 结束后反复回顾彩排录像或录音也是有效的方法。如果没有这些器材，对着镜子看自己说话的样子也能得到极为有益的信息。

仔细彩排能给心理上带来良好影响，事前准备充分能让容易焦虑的人避免过度紧张，让大多数人能以自信的态度面对正式演讲。

只要通过一定的训练积累，任何人都能在演讲报告（尤其是在多人面前的演讲）方面达到一定水准。因此希望各位能仔细准备，在充满自信的状态下实践。

第3章 说服

要点

要在商业中说服别人，使其按自己的意愿行动，就必须找出并掌握说服的杠杆（琴弦），坚定保持自我思维并将其传达给对方。

案例 4

作为中坚广告代理店的大野广告公司虽然在规模上不及大型代理店，但极富进取心，其独特的企划也名声在外。比如十几年前网络刚抬头时，该公司就迅速接触了网络广告领域，在活动企划等方面，它也先一步进驻了大型企业还未涉及的亚文化领域，其着眼点和着手速度在业界都独树一帜。

在这样的实绩和组织文化背景下，大野广告公司还拥有独特的人事制度。该公司从20年前起，每年都会举办“企业内部商业计划竞赛”，在演讲结束后会给特别优秀的企划移动预算，任命该员工作为项目负责人开展新事业。过去也有人在公司内创立事业，后来通过 MBO（管理层收购）开始了独立发展。不少人认为即使存在企业风险，但让员工独立创业确实是重大损失，而经营层却相当大气，现任社长大泽进一郎经常在采访中说道：

“我们当然希望优秀的人才尽可能地留在公司，但要阻拦想独立创业的人并非易事，强留也只会让其失去干劲。而想要独立也意味着认真考虑过商业计划，从长远来看我认为是能够吸引更多优秀人才的。”

鸿野美登里自从大学毕业进入大野广告公司之后，10年来一直负责销售领域，她原本对新事业没什么兴趣，但最近看到同期入职的人不少都参加了竞赛，于是也逐渐对新事业有了兴趣，并产生了以创造该企划作为职业生涯转折点的念头。在这样的背景下，鸿野在入职第10年时怀着试试看的心态决定参加商业计划竞赛。

她着眼的是近年来备受关注的问题，即儿科和妇科医生不足。这并不是由于她对医疗问题感兴趣，只是从电视新闻节目和杂志报道等得到的灵感。“我总有一天会当母亲的，到时如果无法得到充分的医疗服务的话……”怀着这样的念头，她设定了企划主题。

从商业角度来看，医疗领域是较为落伍的领域，因此即使能提出各种商业模式，但从广告代理店的立场来考虑的话，仍然会比较偏向于以“向多人传递信息”的活动为轴心的计划，因为这不仅能够发挥本公司优势，也更能引起经营层的兴趣。那么向谁传递怎样的信息，向谁缴费呢？并且还要考虑到近年来由于医疗法的改革，医院与诊所的广告大幅减少这一背景。

选定主题之后过了3个月，鸿野在进行各种错误尝试的同时不断地根据市场性和商业模式提出假设，并验证其可行性。对于毫无经验的她而言，要对创意进行加工，再将其制成具有说服力的计划是极其艰难的作业，多亏了经验丰富的友人帮助，加上自己买来商业书籍努力学习，最后终于完成了令自己满意的计划。该计划的商业模式是向患者和医生输送信息，向地方自治体和制药商缴费。

即将提交计划之时，鸿野再次检查了一遍，并拜托几个信赖的朋友也帮助检查。

“前辈们对创意本身的评价很高，认为逻辑方面没有大的漏洞，脉络也没有跳跃或混乱感，构成也比较正统。收益性方面，预计能在早期阶段就得到回报，从 CSR（企业社会责任）的观点来看一定能被经营层认可。”

鸿野自言自语地鼓励自己。

竞赛分为第1次的资料选拔和第2次的对经营层演讲这2个阶段。鸿野的计划在激烈的竞争中脱颖而出，通过了第1次选拔。很快到了第2次演讲当天，终于轮到了鸿野。25分钟的发表时间很快过去，进入了回答问题时间。鸿野感觉作为听众的经营层反应不错。

“鸿野小姐，您以前就对医疗领域有兴趣吗？”

大泽社长突然问道。鸿野紧张地回答：

“不是……以前说不上有兴趣，但考虑到少子化高龄化的社会状况，我认为这是个必须有人去做的主题。”

大泽的表情看起来似乎是接受了鸿野的回答。这时，其他董事开口道：

“这确实是个有趣的提案，但报告中插入的问卷评论有多大的可信度？例如○○页提到对医院院长的访问值得信赖吗？”

“我当然没办法拜访所有医院，所以不能给您确切的保证，因为报告内容中还涉及一些前所未有的服务。实际上，已经有一些院长愿意接受该服务，虽然并不是全部，但用户呼声极高这是不容置疑的，我认为已经是足以盈利的规模了。”

“也许是我个人的多虑吧，不过我觉得要将这些服务推销到各处医院恐怕不是件容易的事。”

“这一点我会拼死做到的，请让我招募对该计划有共鸣的志同道合之人。”

“……”

之后又有人提了几个问题，最后大泽再次发问：

“你参加这次竞赛的动机是什么？此外还有一个问题，鸿野小姐你今后打算走怎样的职业道路？”

“动机和职业道路吗？坦白说，动机其实是想试试自己的企划能力。至于职业道路，现在的阶段说什么都为时过早，将来我打算利用积累的经验在本公司担任更高的管理职位。”

“到那时你想做什么样的工作？”

“这个嘛，我现在从事的是销售业，虽然做得也很开心，但今后希望能做与企划相关的工作，这次参加竞赛有很大原因是因为这个。”

“原来如此，我明白了。”

数日后，竞赛结果发表了。鸿野的计划由于着眼点优秀而获得了“鼓励奖”，但并没有得到最高奖。发给她的反馈单中写着这样一段话：

“着眼点确实非常不错，但很难看到实际用于商业推进的亮点，也没有表现出自身思想的强势之处。很遗憾这次没有采用，但如果能解决这部分问题，还是有再次挑战的价值的。”

解说

第2章介绍的“传达”基本目的在于促进对方的“理解”，使其达到“了解传达者想说什么”的状态。但仅凭这样是无法推动商业交易的，要让对方实际行动起来，必须使其对你产生共鸣，表示赞同，在接受的基础上采取行动。因为如果变成“理解你想说的话，但我不同意”就麻烦了，所以必须要实现“说服性的交流”。

本章将介绍说服别人的要点。该要点包括找出说服的杠杆（琴弦）和展现自身思维的强势，以下将主要针对这两点来解说。

按下说服的杠杆

要实现说服，必须考虑对方（之前为了明示交流的构筑使用的是“接受者”这一单词，本章之后采用更为常用的“对方”一词）的感情，言语间具有使其接受的逻辑性，能充分理解彼此的利害关系。换言之，必须具备“感情”“规范（大义、价值观）”“利益（利害）”这些要素，我们将这些要素称作“说服的杠杆”。

感情：与我们常用的“感情”一词同义。其根源包括喜、怒、哀、恐惧等，更高层的感情还包括嫉妒、自尊等。

规范：“某事应该这样做”“做某事是为了日本”等超越了单纯的利害关系的价值观和美学意识。

利益：既包括金钱上的利益，也包括升职和提升知名度等最终能够换算成金钱的收益，即利害，它在第4章将要解说的交涉中尤为重要。

感情、规范、利益这3个说服的杠杆各有不同的含义，在说服的各阶段中应当放入不同重点的杠杆。首先来看说服的各阶段中哪些杠杆是重要的，再看各自的概要。

图表 3-1 说服的杠杆

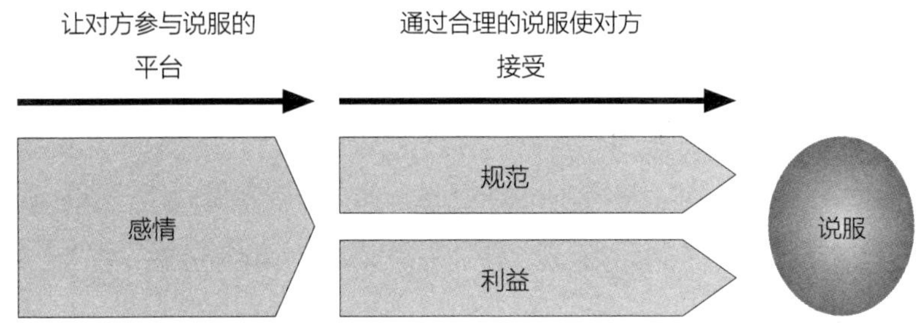

一、说服杠杆的定位

不同的说服杠杆在交流的各阶段中重要性不同。顾及对方感情的说服，其主要目的是让对方参与到讨论平台，而源自规范和利益的说服，其主要目的是通过合理的交流让对方接受自己的说法（图表3-1）。

（一）顾及感情

首先是顾及对方感情，建造说服的基础平台。这在说服的初期阶段能实现非常重要的职责（此外还有调动感情本身的说服方式，这里暂且不提）。

无论话题有多么“理所当然”，无论你的建议有多完美，一旦伤害了对方的感情，或者让对方失去了倾听的兴致，那一切都无法开始。因此在说服的初期阶段，重点是要顾及对方的感情，使其产生“想听”的兴趣。当然，还要确认通过说服的流程让对方的感情发生了怎样的变化，不过首先的基础是不伤害对方的感情，使其到达能够交流的平台。

例如当你想要劝服某个打算辞职的员工改变心意时，唐突地以“你想要多少薪水”的利益角度去说服，或者以“你想要抛下其他努力工作的员工吗”的社会规范角度去劝解，都可能导致该员工放弃交流，认为“你根本没有考虑过我本人”，从而受到情感伤害。因此首先应该询问其打算辞职的缘由，在估计其感情的基础上，摆出共同寻找解决方案的姿态。

（二）寻找合理的杠杆

进入正式的说服和交涉流程后，规范与利益的合理要素将成为重要的杠杆，我们来看具体顺序。

人在做出某个决定时，都会下意识地寻求自己做出决断的理由，而成为理由的要素往往是此人以往遵循的规范，也就是价值观和美学意识。尤其是在说服的最终阶段，当对方出现犹豫时，与其缓和对方情绪或强调可得利益，不如直接给他展示能做出决定的明确理由。

以打算辞职的员工为例，光是倾听员工内心是不够的。假如了解到他辞职的原因是年薪太低，如果不能满足其要求的金额，那么彼此的谈话永远在平行线上。这时如果以“其他员工的薪水也不高，但仍在拼命工作，希望你也能稍微忍耐一下，共同奋斗”的价值观（“人不能只顾自己”“不希望你成为利己主义的人”）来尝试说服的话，可能会得到对方的认同。

当然，利益也能成为有效的说服杠杆。对于有些人而言，“理应论”毫无意义，他们对金钱和经济效用更为敏感。尤其是在组织对组织的交涉中，具体能得到多少利益是最大的关注点。

此外，规范和利益要作为合理的说服杠杆，并不一定非得按顺序使用。并且如图3-2所示，它们也并不是180度对立的概念。根据对方的关注点和立场，在深层交流中可以分别使用。

以下来看各说明杠杆的特点。

图表 3-2 规范 VS 利益

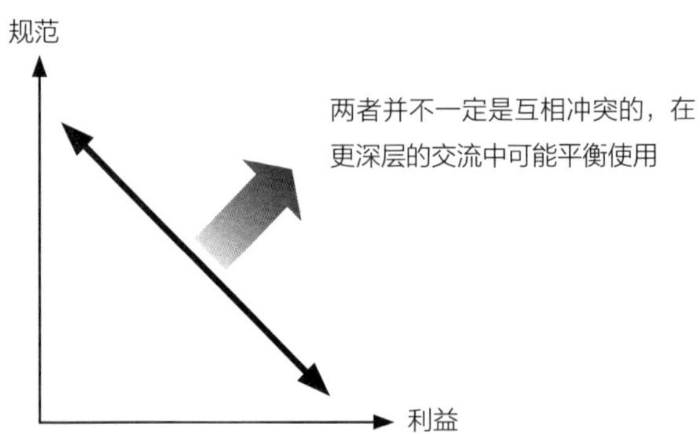

感情

此时人类行动的一大要素是“感情”，首先必须理解和尊重对方的感情和立场。如果在这一点上出现偏差或无视它，那么无论之后的交流过程有多么合理，对方也可能曲解你的意图，甚至可能交流越是合理，对方的态度越是强硬。川柳说过：“道理没错，但这更让人恼火。”因此首先要创造能够正确讨论理论的状况。

图表3-3中根据人类根本性的欲求和关注点，总结出了会伤害感情和不会伤害感情的典型模式供各位参考。

优秀的管理者能很好地理解这一点，绝不会轻视对方的感情和立场。在理解并将自己的理解告知对方的基础上将感情与立场、利害关系分离开来，推进交流。如果不擅长这一方面，则可能在利害相关的交涉中走进死胡同，开始进行个人攻击等，播下让说服难以继续的种子。

一、人类是感情动物

这里再来看人类的感情与立场。不言而喻，人类是具有自尊心的生物，无论是怎样的人，即使嘴里不说，也会认为最重要和最正确的就是自己，其他人都应当遵从自己。

实际上，商务人士感到愤怒，无法做出合理判断（或者心里明白但感情上无法接受）的原因大多是“自己的存在被无视或被轻视”“被不公正对待”“不给自己面子”“不懂自己的立场和存在意义”等。

图表 3-3 “感情”的 5 个核心欲求

核心欲求	被无视的场合	被满足的场合
价值理解 Appreciation	认为自己的想法、思维、行动没有价值	认为自己的想法、思维、行动有优点
关联 Affiliation	被当作敌人对待，拉开距离	被当作伙伴对待
自律性 Autonomy	认为决策自由受到侵害	认为对方尊重自己的决策自由
地位 Status	认为自己的地位低于其他人	认为自己的地位得到了合理的安排
职责 Role	个人对自己现在的职责及活动内容不满意	对自己的职责及活动内容满意

总而言之，就是觉得自己没能得到应有的待遇（自认为），自尊心受损，感情受到伤害，从而将合理的利害置之度外。出现这种事态，不仅与内容本身（what）有关，往往还和如何对待（how/when/where/who）有关。

在这种状况下，原本谈话中的焦点内容本身（what）的妥当性等都变得不再重要。个别案例中会出现放弃合理的利益来维持自尊心的情况，这是因为对方认为自尊心在人生中具有更大价值。

也许这会让人感到“孩子气”，但出现“为什么不能立刻应对”“为什么本人不来”“既然要感谢就别用电子邮件，应该当面道谢”“为什么不事先报告”等问题就是商业社会的现实。要避免这些情况，管理者必须了解对方的感情和立场，其核心在于己所不欲勿施于人。

二、如果伤害了对方的感情

那么该如何与被伤害了感情的人接触呢？以图表3-3中所示的欲求为基础，重视关键词“尊敬对方”（respect）与“关注对方的存在”（recognition）。

其实答案非常简单，只要让对方感到“我被别人认同，被别人重视”，就能恢复自尊心。关键在于自己不要情绪化，平和冷静地引导对方。

如果自己有错，首先要慎重道歉，让对方尽情发泄不满。无论人处于多么愤怒的状态，只要能尽情说出自己想说的话，就能渐渐平复情绪，且对方真挚的态度也能使其恢复自尊心，从而产生好感，而这时就是利用合理的杠杆进行说服的时机。

在让对方尽情诉说的时候，注意自己不要做无意义的辩解。可能你出于人类本能的感情想要辩解，但这并不是上策。辩解也许能维持你当时的自尊心，但不利于长期对话。

三、在说服时打感情牌

除了交流时要顾及对方感情之外，在利用感情进行说服的场景中还有一种方法是表露自己的感情，更为直接地引起对方的情绪（短期感情）进行说服。例如在金融机构想要撤资时，可以哭诉："现在撤资的话，我们全家都会走投无路，求您高抬贵手。"

打感情牌的说服方式当然不应该被否定，它能有效用于许多场合。例如通过明确表现积极的感情来让对方也产生积极情绪的场合。我们应该尽可能地利用"兴奋""快乐"等正面的情绪。

专栏：积极心理学

近年来，积极心理学成了备受瞩目的心理学。它因为"增加勇气""工作敬业度"等积极性的感情而受到关注，被作为职业满足、工作动机等因素来研究，也是提高人类活力、干劲、创造性等的心理学。

通过提高职业满足度和组织责任心等相关工作敬业度，不仅能改善个人，还能凭借叠加效应提高组织集体的士气，从而提高生产性。第5章所介绍的训练也能提高工作敬业度，这也是管理者所追求的效果。

以之前提到的针对金融机构的说服为例，其实不用贸然以悲壮感去逼迫对方，可以先理性地阐明对方的规范。例如："金融机构不应该因为一时的经营失利而改变方针，应当以长远视角谋求整体的最佳方案，这才是公共机关应当担负的职责吧？"以这种角度进行说服可能更为有效。

规范

第二个说服的杠杆就是规范。这是人们认为“理所当然”的价值观和美学意识，利用它能在对方脑中构筑接受自己说法的逻辑。

例如试着设想一下，当你想要说服朋友担任自己开办的环境相关研讨会讲师时的场景。假设开办时为休息日，且由于预算不够只能给对方少许谢礼，那么你该如何说服朋友呢？也许不少人一开始就会提出提高谢礼，或者给予其他金钱上的恩惠吧。但也有很多人具有“希望对社会做出贡献”的价值观，将这用逻辑构成的形式来表达的话，即：

如果是有社会责任感的人，会希望对社会做出贡献。

你是有社会责任感的人。

→你应该对社会做出贡献。

以上构成了三段论法（演绎性逻辑展开）的形式。有关责任感的部分可以明示也可以暗示，其特点是通过构筑完美的价值观和规范逻辑来说服对方。

再反过来看，如果该友人不被说服，那么他或她可能是否定了以下中的一个：

如果是有社会责任感的人，会希望对社会做出贡献（大前提）。

你是有社会责任感的人（小前提）。

当然，拒绝邀请也可能出于这两者之外的其他重要理由，但拒绝的事实会导致得到与否定上述两者后类似的结果，从而使对方的心里感到“不舒服”。换句话说，之所以会觉得“不舒服”是因为被自身价值观和美学意识提醒，而通过提示这一点就可能较为轻松地说服对方。

一、利用价值观与美学意识的逻辑构成来说服的好处

掌握并利用对方基于怎样的规范来决策和行动，有三点好处。

第一是基于价值观和美学意识来让对方接纳，就可能以“认可”的形式使其做出最终决定。“认可”这一状况在实际需要对某事项达成一致意见时具有非常大的意义，比如：

- 不能欺凌弱小。
- 有恩必报。
- 尊重少数意见。
- 对社会做出广泛贡献。
- 提供成长机会。

以上都是比较常用的价值观。让对方认为自己是基于这种普遍被赞赏的价值观做出的决定，不仅能让他顺利接受自己的思维，还可能提高

实行的可能性。

第二是利用规范的方法，与后述利用利益的方法相比，是比较“右脑化”的方法，因此需要寻找对方的杠杆，并谨慎选择词汇和修辞方法，以此不仅从合理性上，更从感情上来说服对方。从这个意义上来看，规范这一杠杆处于合理（左脑）和情理（右脑）的中间领域。

例如美国总统的演讲不仅会阐述国民利益，还会强调规范（公正公平，给予平等机会，发挥世界性领导力等），以此说服更多的人。

第三是能针对下一次谈话和交涉，提前掌握对方的思维和行动模式。价值观和美学意识是不可能在一朝一夕改变的，加上人类的根本性要求是希望自己在别人眼中具有一贯性（参照专栏“一贯性定律”），往往会尽可能保持自己的态度不变。

因此如果与这个人交流过的话（或者有朋友与他交流过），就能以此推测他的价值观，从而思考更为有效的说服方法，用于下一次谈话中。

如果在重复这一方法的过程中发现了能触动对方的琴弦，就可能形成极大的杠杆，使其与自己产生共鸣，从而促使其行动。

专栏：一贯性定律

人类大多具有不轻易改变自己以往所表明的想法和信念、立场的心理倾向。改变想法意味着否定过去的自己，甚至等于否认自己的人格。

因此，人往往受缚于过去的行动，即使实际上对自己不利，也会保持与过去行为的一贯性。

这是能用于大型交涉和说服的定律，也常用于日常的推销等。下面以销售幼儿教材为例。

销售负责人："您认为引发贵公子的潜力重要吗？"

对方："我认为很重要。"

销售负责人："您对幼儿教育领域知名的 X 教授所提出的引出孩子潜力的方法有兴趣吗？"

对方："有兴趣。"

销售负责人："我们和 X 教授共同开发了针对幼儿教育的全新教材，您有时间听一下详细说明吗？"

对方：……

销售负责人当然想要从一开始就介绍商品，但如果直接开门见山地说："我们和 X 教授共同开发了针对幼儿教育的全新教材，您有时间听一下详细说明吗？"可能会让对方退缩。而先提出"您认为引发贵公子的潜力重要吗"这一问题，让对方难以反对，从而使其站在了自己希望的立场上，再以此为基础介绍商品。

专栏：foot in the door 与 door in the face
（循序渐进和以退为进）

利用一贯性定律，首先委托对方一些小事，然后渐渐开始委托大事，这种手法就是 foot in the door（循序渐进）。它作为第4章所介绍的交涉技巧也相当有名，前述推销幼儿教材的事例也符合该手法。

下述借钱的例子无论是有意还是无意，从结果来看都使用了这样的技巧。

"能借我一千日元吗？"

"可以啊，这点钱无所谓。"

（数日后）

"可以借我一万日元吗？"

"行啊。"

（又过了数日）

"能借我五万日元吗？"

"拿你没办法，再多可就不行了哦。"

也有反过来从一开始就提出最高要求，之后再减小要求的手法，这就是 door in the face（以退为进），具体模式如下：

"能借100万日元给我吗？"

"不行啦，那么大金额。"

“那只借五万日元好了。”

“……行吧。”

以退为进是回报性（既然对方已经让步了，自己也只能让步）心理倾向作用的结果，属于功能性手法，也作为一种规范来运用。

在某些特定的场合中，以上两种方法究竟哪种更好很难一概而论，但以此可以了解人类有意或无意之间所遵循的价值观和美学意识。

二、规范的共通范围

能用于交涉的规范并不是每个人都截然不同的，特定人群间存在共通的规范（图表3-4）。以下按照共通的范围，共分为三个阶段。

图表 3-4 能用于说服的规范种类与特征

种类	促使对方行动的作用力强度	对方被说服时的接受度	能用于说服的可能性	寻找规范的难度
大范围的规范法律、一般常识等	非常强	有可能带来“被强迫”感，从而造成不满	有时在细节争论点上不存在符合的规范	比较容易
特定集团内的规范	视争论点而定	只要不违背此人的个人规范，接受度就较高	可能适用于比较细节的争论点	视集团性质而定
个人规范	视争论点而定	较高	可能适用于比较细节的争论点	较难

注：争论点是用于交涉等场合的用语，指讨论和争议的主要点。

（一）大范围内的规范

法律和一般常识、道德观等是同一个国家的国民基本共通的规范。违背法律的行为会受到处罚（实行处罚的是国家或州），背离常识和道德观的行为则会被视作“无常识的人”，从长远来看会妨碍人际关系（实行处罚的是社会）。有的国家，宗教也是重要的规范（实行处罚的是神或者相当于神的存在）。即使遵循规范的程度因人而异，但大多数人都会按规范来行动。

从管理者的立场来说，可以通过“法律上不能采取这样的行动”“从常识来考虑不能有这样的行为”等规范来限制对方的行为和判断。尤其是在重视法令的社会中，法律是极具威力的规范。

在交涉中处于弱势地位时（如转包或合同员工等），了解法律有时具有重要意义。要让自己不被对方单方面掌控，最低限度也要了解相关法律和案例（如劳动法）。

（二）部分集团中的规范

它并不是法律那样大范围的规范，而是特定集团约定俗成的规范。例如某个组织的文化或者特定年代共通的价值观。人一般不会做违反自己所属集团的文化和习惯的行动，自身的思考和行为也会顺应年代特点。了解这些规范，就能在说服中预测对方会有怎样的行为模式。

比如在和某企业进行交涉时突然变更了负责人，即使此负责人个人的价值观不同，但符合其企业文化的行为模式还是共通的。提前掌握交涉对象的组织文化，就能减少交流时因不同价值观带来的困扰。

我们可以将这样的文化放入说服的逻辑展开中。例如在推销商品时，如果交涉对象极其慎重，可以通过“听说贵公司喜欢挑战，是一家充满挑战精神的企业”等言语来让对方认为“尝试新事物是本公司对员工的期待”，从而促使其行动。

（三）个人规范

以个人的强烈体验为基础，有人自身也会产生强制性的规范，例如“儿时贫困的记忆”或“父母从小到大的叮嘱”。如果说服对象为一个人的话，将这种规范与其他规范混合使用往往更为有效。

比如面向年轻时曾是贫苦学生的资产家募捐时，“给予像您年轻时一样具有可能性的年轻人机会不是成功者的义务吗？”这样的说辞可能会起到作用。

掌握说服杠杆使用的规范在多大程度的受众层共通，对于提高交流方式的效果非常重要。如果使用的杠杆是只对特定价值观的人起效的规范，那么很可能难以引起对方共鸣，也难以令对方信服。

例如在国际商业场合中交涉难以顺利进行，往往是由于常识和价值观截然不同，而自己认为理所当然的规范难以在国际上通用。“不看实力，优先年长者”的价值观在受儒家影响较大的亚洲各国可能有效，但对欧美无效。如果对方是美国人，那么“公平公正”“机会均等”“挑战值得奖励”等规范在许多场合都是有效的。

不过如果这种基于国民性的说服方式使用过多的话，反而会让人觉得“又是千篇一律的老一套……”因此产生反感。这方面的平衡是个难题，也没有绝对通用于任何人的规范，正因为如此，交流要本着诚实的原则不停地努力探寻能触动对方的琴弦。

没有人会讨厌诚实的人，所以要注意作为交流，尤其是说服交流的基石，诚实的态度是最基本的原则。

我们来看判断使用规范较难的例子。当我们希望对方尽快回复时，利用“如果截止回复期限还未答复就违反了合同规定，只能诉诸法律了”等法律或合同的规范来进行说服，大多数人都会尽快回复吧。但如果利用“你应当尽快对提案做出回复”这种基于价值观的规范来进行说服的话，有些人可能并不会对这种规范产生共鸣，那么当然也无法起效。

而从最初就拿出法律来规劝的话，有可能让对方产生“被强迫”感，从而萌生不满。即使是同样的规范，不同对象的感受也不同，因此尽可能在万不得已时再用法律作为手段，且要观察对方的心态和状况，谨慎使用。

反复强调的一点是利用规范构成逻辑来说服对方时，必须了解使用怎样的规范才能让对方最为“服气”。

因此我们要客观看待自身的价值观和美学意识，不能自以为是，因为自以为是会限制你对对方的价值观和美学意识的想象力，不要忘记世上的人各自具有不同的思维这一事实。

专栏：cause marketing（公益营销）

进入21世纪后，出现了一种备受瞩目的市场营销手法，即cause marketing（公益营销）。cause被翻译为“公益”等词，通过呼吁消费者规范来提高其对本公司商品的关注度。

多数案例中，对于社会问题和环境问题等的关注，企业都会让自己与消费者处于统一立场。比如在购买某商品时，其付款的一部分会作为保护环境或解决社会问题的基金等。这就是利用了“如果是聪明且具有社会贡献意识的消费者，就应该购买该商品”的规范。

利益

人虽然不是仅为了自己个人利益而生，但如果没有具体的利害关系，也不可能推动事物发展。在利用规范难以说服对方时，最终还是要看是否能在权衡自身利益的基础上提供给对方能够接受的利益。尤其是当对方是企业时，由于负责人对公司和股东有说明责任，所以这种倾向更为明显。

例如当风险资本组成新的基金时需要向投资家进行演讲报告，其最终目的是希望该资金获得投资，那么说服的问题就不在于规范，而在于具体的利益。要说明“投资该基金能给各位投资家带来极大回报”，就要有逻辑地介绍作为依据的“过去投资实绩”“管理团队的优秀”“投资方针”等。

一般而言，利益的说明比规范要更为简单，例如“实现○○能得到○○万日元的回报”“帮助○○能给你职位优待”等等。如果对方是重视利益的类型，这种数值化的“可视性利益”对其最为有效。此外，针对利益的说明在逻辑展开上也相对简单，可以说是最为左脑性的方式。

注意事项是重视利益的人往往比较讨厌不确定性。100%获得100个东西与50%获得200个东西，通常都是前者得到的评价较高。此外，如果既可能获益也可能受损的话，大多数人对损失所感受到的痛苦远大于同样金额收益带来的喜悦。换言之，失去100的痛苦远超得到100的喜悦。

因此“虽然无法准确预测有多少收益，但可以先试试看”，或者“虽然有亏损的风险，但概率上能得到这种程度的利益”的说法都很难说服对方，需要进行严密调查，准备好以防万一的替代方案等，尽可能地避免不确定性。

重视利益的人还有一种倾向是并不希望表露出自己这种特性。换句话说，即使自己看重金钱的价值，也不希望周围的人如此看待自己。对于这样的对象，最好是在详细说明利益的同时将其隐藏在冠冕堂皇的规范之下。

第4章的交涉篇将进一步说明如何掌握与对方的利害关系，实现双赢的状态。

此外，在实际的说服过程中不仅可以分别使用规范和利益，同时使用两者的情况也不少。重点是找出最佳平衡点，与对方实现最好的交流。图表3-5的案例是某企业请求居民接受风力发电的演讲报告。

图表 3-5 同时使用规范和利益来进行说服的金字塔结构

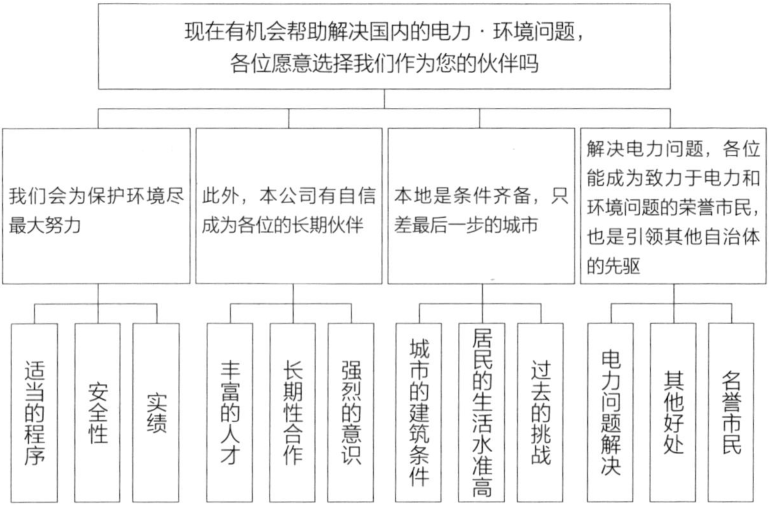

- 现在有机会帮助解决国内的电力·环境问题，各位愿意选择我们作为您的伙伴吗
  - 我们会为保护环境尽最大努力
    - 适当的程序
    - 安全性
    - 实绩
  - 此外，本公司有自信成为各位的长期伙伴
    - 丰富的人才
    - 长期性合作
    - 强烈的意识
  - 本地是条件齐备，只差最后一步的城市
    - 城市的建筑条件
    - 居民的生活水准高
    - 过去的挑战
  - 解决电力问题，各位能成为致力于电力和环境问题的荣誉市民，也是引领其他自治体的先驱
    - 电力问题解决
    - 其他好处
    - 名誉市民

注：上述只是举例，不同场合下选择利益与规范的立场不同，并且一个项目也可能同时包括利益和规范。

专栏：“危机感”VS“光明的未来”

“危机感”和“光明的未来（兴奋感）”是由规范与利益加上感情方面的要素混合而成的杠杆，它能成为驱使人行动的巨大动力。举个浅显的例子，对胖子说“你这样下去不可能长寿，也不会受异性欢迎，作为商务人士对部下也难有威严感”属于前者。“减肥对健康有利，也会受异性欢迎，作为商务人士还能成为部下的榜样”则属于后者。

选择哪种方式要根据对方的状况而定，以下介绍几个要点。

• 不偏向于任一方，让杠杆保持平衡是比较有效的方式，尤其是非一次性交流，需要持续交流的场合更是如此。人类在重复听同一番话之后感觉会变迟钝，感情上留出空白则会令思维活化，从而能保持精神上的平衡。

• 在企业改革中，向高职位的人说明危机感，向低职位的人讲述光明的未来往往更为有效。

• 在状况良好时提示危机感，在状况不佳时描绘光明的未来大多都能起效。

• 阐述事实尤其能激发危机感，例如重要的经营指标的实时变化，不满意的顾客呼声，赞赏竞争的顾客呼声，充满危机且具有现实性的未来预想等，必须通过合适的挑选取舍后再向对方说明。

• 如果能将危机感和光明的未来具体到能在对方脑海中形成“动态图像”的话，效果更佳。因此可以利用图表或故事让人的印象更为具体，从而更容易转化为行动，也容易留下深刻记忆。这在对多人说明时是极为关键的要点。

此外，“危机感”和“光明的未来（兴奋感）”也并不是180度对立的概念，如图表3-6所示，在高层交流中也可能同时存在。

图表 3-6 “危机感”VS“光明的未来”

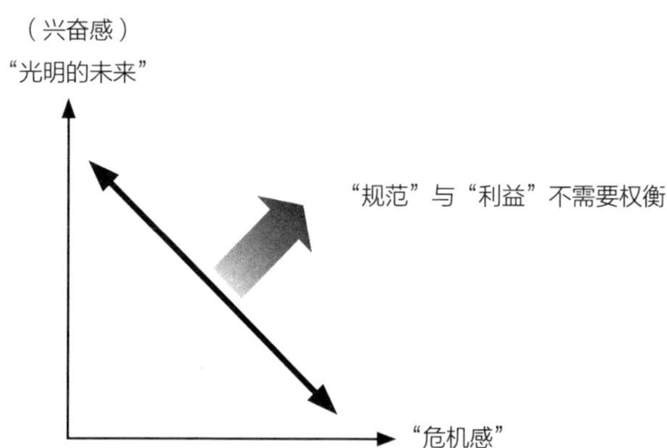

在自我主张中加入思想

阅读演讲报告和交涉术的相关数据会发现，其内容焦点很多都集中在本文之前所述的针对对象的分析、内容的逻辑、故事线或讲演上。

这些当然都很重要，但本书要强调的是“主张中所包含的思想、热情和诚恳”也同样重要。换句话说，就是“具有强烈的内在动机”。这里我们将这些要素总结表现为“加入思想”，而这往往正是引发对方共鸣的关键所在，从而使说服的杠杆（琴弦）产生共振，带来不可估算的力量（图表3-7）。

当然，空有强烈的思想却无法传达给对方就毫无意义了。不过相信自己所说的话，说话时充满热情，会让对方对你产生正面感情。某大型制造商的最高技术责任人在对部下的建议进行判断时曾说过："我相信你们的内容，我要看的只是你们能做到什么地步的干劲。"

图表 3–7 说服力的函数

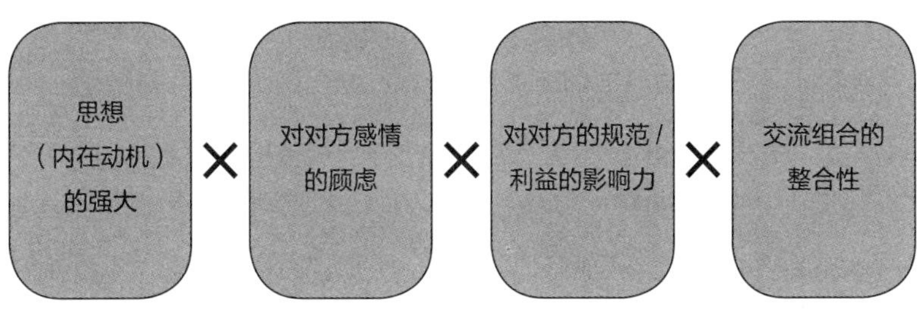

无论内容有多么完美，如果过于顾虑对方的感情，不能强烈地表达自我思想，仍然难以促使对方行动。

此外，过于个人的思维也很难让对方产生共鸣。图表3-8所示的社会性想法则更能在引发对方在规范上的共鸣，从而产生巨大推动力。

一、从构思阶段就开始寻求强烈的思想

思想并不是仅存在于书写和演讲阶段的技巧，从演讲资料和交涉的准备阶段、构思阶段起，就应当追求思想性。从这一阶段开始加入强烈的思想能带来以下好处。

图表 3-8 思想的方向性与深度

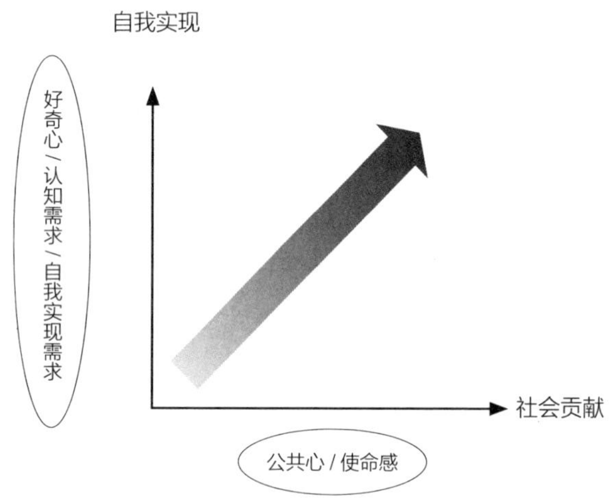

能提高集中力和动力，强化好奇心，开发能力，且能激发创造性，这是各种研究均认可的结论。正因为拥有强大的思想，才能贪婪地吸收知识与信息，创造出前所未有的新点子或理念。

思想还能促使人行动，对商业带来重大改变的提案是不可能在办公桌上诞生的，只有亲临现场观察顾客动态，与不同的人进行讨论，才能

在此过程中孕育出新的种子。这做起来超乎想象的困难，如果没有强烈的动机是很难实行的。行动能快速验证新创意的假设，最终则能提高交流的说服力。

拥有强大的思想的人不仅不会空谈，还经常在日常生活中吸引他人。这不只限于公司同事，还包括顾客和外部合作伙伴。而他们带来的信息和新的视角又会激发新的灵感，成为锦上添花的巨大动力。

那么要如何强化这种思想呢？我们认为最重要的是“聆听自己的心声”。强大的思想或者内在动机不是外人能给予的，首先要持续强化自己。而获得强大思维的关键在于发现自己真正想做的事，在此基础上反复询问自己并驱使自己行动。各位可以试着用以下的问题询问自己。

“我想做什么？在做什么的时候会觉得有价值？”

“我进入这个公司时，最初是想要做什么？”

“为什么我会想做这个？做得到吗？能继续做下去吗？想让其他人也参与进来吗？”

“我的人生有什么意义？神（或与神相当的东西）给我的使命是什么？”

“我临死前是否对职业生涯无悔？我做的是家人朋友都值得骄傲的工作吗？”

这些询问的根源中含有想要寻找自我实现、自我成长、自我发现的“机会”的意志。其机会如图表3-9所示。

利用机会的思想强化不会只有一次。通过无数次地挑战和回顾各种事物，不停地问自己，让思想从私人化质变为公有化、社会化的财富（图表3-10）。

作为商务人士，有时并不一定能负责自己喜欢的业务。在这种情况下的应对方式是：寻求对该主题有深刻理解的人的帮助；给该主题赋予能完成自我实现的积极意义。

图表 3-9 强化思想的机会

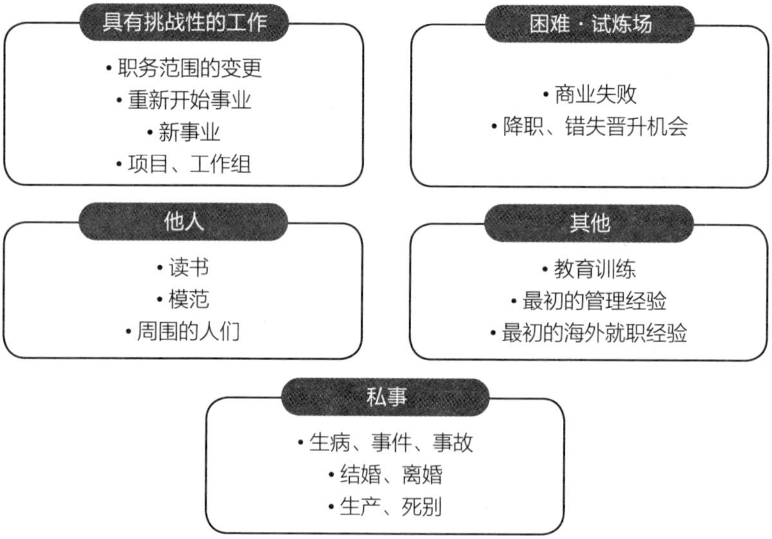

具有挑战性的工作

- 职务范围的变更
- 重新开始事业
- 新事业
- 项目、工作组

困难·试炼场

- 商业失败
- 降职、错失晋升机会

他人

- 读书
- 模范
- 周围的人们

其他

- 教育训练
- 最初的管理经验
- 最初的海外就职经验

私事

- 生病、事件、事故
- 结婚、离婚
- 生产、死别

图表 3-10 强化思想的过程

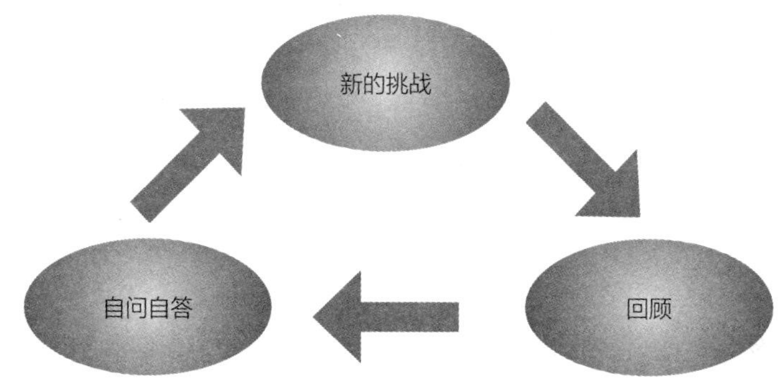

二、案例分析

这里来回顾案例4，检讨鸿野的演讲报告中存在什么问题。首先从内容方面来看，虽然有少许逻辑上的破绽，但故事线简明易懂，几乎没有瑕疵，这一点从她的朋友给予的反馈也能推定。此外，在原创性上也获得了经营层的高度评价。至于构筑并传达具有逻辑性的内容这一方面，应该也不错。

问题在于“很难看到实际用于商业推进的亮点，也没有表现出自身思想的强势之处”这一评价，以及讲演当天的问题回答。

这里希望各位思考一下，如果你希望某个提案得到支持或提供经营资源（时间、金钱等），那么应该在什么时候表现出“想要得到帮助”呢？

大多数人会根据提案中包含的强烈诱因（现实中获得高回报等），或者是否引发了超越单纯理解的“共鸣”来决定是否提供支持，因此我们要注意表现出自己积极的行动，以及想要与人协作的意向。

案例4是属于新事业的演讲报告，那么要点就是企划立案者也将成为事业推进人。无论计划多完美，只要管理层认为“要将案子交给这家伙还有某些不足”，那么就不会有最终决断。

而这个“某些”就是“思想”。创立新事业有苦有乐，但苦难的试炼要多得多，要坚持到最后，拼尽全力和支撑它的强大思想必不可少。因此大野广告公司对商业计划竞赛的评价基准，应该是在内容的新颖度和事业吸引力、逻辑展开的基础上，还将当事者的认真度作为了一个重要的评判标准。

这次鸿野的提案最为欠缺的就是这部分。换言之，她弄错了商业计划竞赛中评价者所重视的要点（比如“考虑CSR”是能推动经营者的强有力杠杆等），选择问题意识不强的主题也是听者难以接受的原因之一。

当然，仅有思想而无实力和实绩，也无法让周围的人产生想要追随的念头，因此努力追求实力和实绩也是必需的。但如果拥有同样实力（尤其是技术层面）和实绩的话，最后决定胜负的就是思想。

顾及说服的杠杆与自我思想的交流组合

如果在进行演讲和交涉之前的准备阶段就保持强大思想，那么自然而然地就会反映到交流组合，尤其是内容和语调上。作为主张依据的潜在顾客呼声能让内容更具魄力，定量分析也不仅仅依赖公开的数据，而是以各种调查为基础“创造”自己独有的数据（这并不是指捏造，而是通过合适的手段推算出公众所不知道的数据）。总之这样一来，图表3-7的“说服力的函数”值就能几何性地提高。

不过将思想自然地表现出来也是有极限的，且具有个人差异。为了不让之前的准备白费，要形成顾及说服杠杆和自我思想的内容和语调，需要了解最低限度的关键点，以下将从业务侧面来做介绍。

一、内容

（一）语言的选择

交流的基本就是选择怎样的语言来交谈。非语言交流当然也很重要，但还是希望各位注意用语的选择和修辞，重视语言给对方留下的印象。不同的人对于“鼓励”“给予勇气、动机”的接受度不同。或者举例来说，“必须考虑未来”和“只考虑现在恐怕不行”两者给人的印象大有差异，这也可以说是在考验语言能力和修辞能力。

（二）从元视角进行确认

这一点是应该确保的流程，但时间紧迫时，往往容易只顾完成内容了事。最好是留下尽可能充分的时间，完成内容的草稿后放置一段时间，再从元视角来进行确认。这时要慎重地检查两点，一是能否将自己的思想合适地加入其中，二是能否引发对方共鸣。

专栏：修辞

修辞手法（rhetoric）的种类多样，但在说服交流和演讲中常用的是以下几种。

比喻：唤起某个东西给人的具体印象。

例："自古以来，女性就是太阳。是真正的人。如今，女性是月亮，是依靠他人而生，靠他人而发光，如病人般孱弱苍白的月亮。"（平塚雷鸟《自古以来，女性就是太阳：平塚雷鸟自传》）

例："如果世界是100人的村子，那么其中80人的居住环境在标准以下，70人不识字，50人为营养失调而痛苦，1人处于濒死状态，1人即将出生。"（池田香代子《如果世界是100人的村落》）

倒置：将一般的语序反过来，以此强调目的。

例："一事无成。（长时间的沉默）这一年来一事无成。"（杰克·韦尔奇）

反问：虽然是询问的形式，但实际上表示强烈的断定，有时还带有讥讽的意味。

例：“据说我们公司的女员工很讨厌穿着制服外出时被认出是哪个公司的人。那究竟是谁在这样的公司工作呢？（当然是我们）”

详述：刻意以较长的说明来做强调。

例：“为了实现普通选举这一民主主义的根基，人类付出了无数献血，不知牺牲了多少人，现在的普通选举制度构筑于先人的血泪之上。”

夸张：将小事作为重要的事来强调。

例：“也许大家都认为这是小事，但它很有可能造成无可挽回的后果。”

列举：通过大量列举类似项目来表现其重要程度。

例：“中国、韩国、马来西亚、印度、印度尼西亚……现在亚洲地区比日本更受注目的企业数不胜数。”

叠词：通过重复来强调。

例：马丁·路德·金在华盛顿游行时的演讲重复“I have a dream”“Let freedom ring”的话语。

专栏：学习有名的演讲

欧洲发达国家的小学和中学都会学习历史上有名的演讲，例如会讨论并学习西塞罗或俾斯麦等著名演说家的演讲为什么具有说服力。但我们日本不仅义务教育中未涉及这方面，甚至连大学都没有演讲相关内容。“学习”的本意是“模仿”，我们不仅要模仿有名的演讲，还要在日常生活中留意和分析身边擅长说服的人的技巧，模仿值得模仿的部分。

屈指可数的著名演讲中，最为有名的应该是呼吁消除种族歧视的马丁·路德·金的“我有一个梦想”吧。虽然语言不同，但值得我们学习的修辞和用语选择技巧仍然很多。Martin Luther King Online 网站能阅读和观看英文原版、翻译版录音和视频，请各位务必去品味一下这充满热情的演讲。

二、语调

丰富的表情

世上也有将热情藏在心中，不表露于外的人，但这会影响交流的传达，实在是非常可惜的事。从日本人的个性来考虑的话，确实不适合像欧美人那样外向的表现，但展现出自我的稳定、自信和思想的强大也是必要的。

最简单的方法就是和演讲前的彩排一样，利用镜子或录像来观察自己交流时的模样。自问如果自己是听众的话，是否会对这样的自己产生共鸣？这里不能忘记对听众的体谅与服务精神。当然，也可以让朋友看自己的彩排，通过反馈以得到同样的效果。

近年来，商业领导者最关键的是“吸引他人的魅力”。要吸引尽可能多的人，就必须唤醒他们各自不同的动机，而要实现这一点的最大武器就是自己的思想。要点燃他人的火苗，首先要燃烧自己。因此寻找说服的杠杆，点燃交流的火种并让火焰熊熊燃烧是作为商业领导必备的能力。

问题在于人们往往容易陷入空想，或者过于个人主义，或者受限于狭窄的事业。如果变成情绪化地呼吁：“我已经这么努力了，你为什么还不努力？”只会让周围的人感到不快。

因此要求商业领导必须具有热情的思想和自信，同时又以批判性思维为引导，才能够从元视角冷静地看待自己。当然，掌握作为“手段”的逻辑也是极为重要的。

为自己创造动机，让对方产生超越逻辑的共鸣，将探寻对方琴弦的技巧、勇气与实际事物有逻辑地结合，具有健全的批判精神，这些都是商业领导必需的批判性交流精髓。

第4章 交涉

要点

交涉也和其他交流场景一样，需要退一步来客观纵览关系者和他们的关注点，以及交流的流程，以此决定成果。此外还需要理解会对生产性交涉造成妨碍的心理偏见。

案例 5

浅野幸男是1个月之前中途转职进入工作机械制造商角山制作所的年轻员工。他之前从事的是二手机械销售工作，考虑到提升自己的职业前途，于是决定转职。他对于自己在前一份工作中锻炼出来的销售能力和交涉能力充满自信，认为能在角山制作所发挥自己的能力，而角山制作所也正是看中了浅野的销售能力，任命他负责开发新顾客。

最初浅野很难预约到客户，但当他给3年没有交货记录的下田产业打电话时却得到了“可以谈谈”的答复。仔细询问后才得知，原来3年前交货的工作机械已经老化，下田产业正在讨论替换产品。刚好角山制作所2个月前才推出了一款同样用途的新产品，于是浅野抓住这个机会与对方敲定了面谈日期，然后迅速登门造访。

对方的接待者是销售负责人平井升。浅野很快就直接切入主题开始介绍本公司产品，他热情地阐述利用了最新技术的机械的生产性和品质有多高，但平井的反应却很平淡。等到浅野结束说明后，平井才缓缓开口道：

“贵公司的产品还是那么贵呢，像我们这样的公司用不起。我们所使用的山田工机的产品价格只有您所介绍的产品的六成。”

“这是因为性能不同。恕我直言，贵公司现在使用的山田工机产品与本公司的新产品根本不在一个档次。即使价格稍贵，但您用过就会发现它值得，而且贵公司以前与本公司有过交易记录，应该可以便宜一点。”

浅野拼命解释，但平井却毫不留情地结束了面谈：

“就算能便宜一点也不可能降价到山田工机的价格。我当然知道贵公司产品优秀，但我们上头一直在喊着削减成本呢。总之希望您给我们介绍更适合的产品。”

浅野意气消沉地回到了公司。见状，上司织田真科长问道：“怎么了？”浅野简单描述了面谈经过之后问：“我到底错在哪里？产品说明和谈话内容应该都没问题啊。”闻言，织田科长皱着眉头道：

“你和平井根本就谈不拢，因为那个人脑子里只有成本。该公司前几年不和我们交易恐怕也有他嚷嚷着控制成本的原因。”

闻言，浅野更加沮丧了。织田继续说道：“你也不用灰心，还有挽回的余地。其实在半年前，我们部长偶然间与下田产业的制造部长小岛聊过，当时小岛对我们公司的产品赞不绝口，这次平井愿意见面恐怕也是听了小岛的指示，所以现在这种情况最好是先搞定小岛。我会拜托部长联络小岛，让你去说明，之后你试着接触小岛看看。”

浅野连忙回答：“谢谢，我会试试看的”。织田又叮嘱道：“不是让你突击，要好好准备后再去。”

“但是我已经把新产品的内容烂熟于心了啊……”

“那是应该做的，但交涉方面还有其他应该提前准备的东西。”

解说

商务人士每天的工作就是与其顶头上司或部下、同事、交易对象负责人交流。如果是企业的话，就是与股东（顾客和供货商、银行、股东、地区社会、竞争公司以及其他类型的合作伙伴等）进行商务交流。而商务人士的成功或者企业的发展从某种意义上来说就是在周围复杂的关系中逐步占据了对自己有利的立场。

对自己有利的立场包括让重要的关系人按自己的想法行动（比如与代理店签订合同，对部下实行目标管理等），或者让对方认可自己的言论，或者让自己的行动更为自由（比如与客户进行协定，与上司进行约定等），或者获得更为有利的经济条件（比如年薪交涉、制定决算价格等）。

能巧妙地实现上述内容的个人或组织就能得到相对优秀的成果，创造优势地位和基础。而这种“让自己处于有利立场的交流活动”就是交涉。

有时我们会在个别情况下做战略性让步，但这种情况的反复积累很容易造成企业整体的巨大损失。处于中枢地位的人在掌握公司命运的交涉中失败的话，当然很难弥补，而每个员工的交涉同样也是不允许失败的。

此外，交涉与说服是密不可分的，两者是很难明确划分的交流类型。第3章说服篇重点介绍了感情、规范和自我思想，在交涉篇中则将进一步讨论利益、利害和妨碍合理判断的心理偏见。

要让交涉有成效

那么让交涉顺利的关键是什么呢？案例5所述的浅野的交涉错在哪里呢？失败的原因就是“对合理掌握交涉结构的准备不够充分”。

一、善于交涉的人能抓住交涉的结构

善于交涉的人并不是拥有什么特别的资质，更没有所谓的读心术。善于交涉的人与其他人的不同点在于“充分理解交涉的结构（机制），

在充分准备的基础上，以解决问题的立场来进行交涉”。换句话说，也就是善于掌握和使用作为批判性思维要素的结构性状况。

令人意外的是，一般被认为“手段高明”的交涉者——具有威胁性的聪明交涉者——从总体来看，并不一定能给企业组织带来利益。这是由于交涉类型，或者说交流姿态过于强势，使对方将其视作敌人。

在这种交涉中，往往难以积极地去理解对方论点，有时还会造成误解和偏见，从而使彼此陷入敌对状态。一旦出现这种情况，交涉将难以继续，容易演变成责怪对方的人性，偏离交涉目的。

真正擅长交涉的人更重视在理解交涉结构的基础上选择合适的方法，而不是现场制定战略。

这样就与“交涉最终是由人性决定”的说法截然相反了。的确，“人性”和“人的器量”等因素在交流中的作用确实不小，现实中同样条件下也经常会出现“A说的话不行，B的话OK”这样因人而异的结果。正如第3章所介绍的一样，我们不能无视思想的强大最终会让交涉对自己有利这一侧面。

然而这并不意味着“交涉的关键在于人性，所以掌握交涉结构毫无意义”。

当然，只掌握交涉结构不可能成为优秀的交涉者，但不了解这一点会大幅降低得到成果的可能性。人性虽然是重要的因素，但并不是让交涉走向成功的充分条件。

二、交涉的特征与准备的重要性

交涉的特征（也是交流整体的特征）是“计划→实施→反馈（回顾）→计划……”的循环速度快，尤其是反馈速度快。经营战略要制定并实施计划，测定其效果，短则需要数周，长则需要一年以上，得到效果测定的结果之后又重新制定新计划，再执行。如果是销售的话，虽然循环周期比经营战略短，大多也需要数天来进行修正。

但交涉能在极短时间内——有时只需要几分钟，根据对方的反应在头脑中做出应变，即时修正当初的计划（例如最初设定的妥协额度）并立刻反馈到执行中。很多情况下甚至不允许充分观测对方反应后花一天时间来制定完善的战略。

反过来说，这就是重视“现场的灵活性”，忽视了事先的结构分析。不过现场的灵活性固然重要，但要真正实现有效的灵活交流还是需要充分的事前准备。正因为充分理解了交涉的结构，才能对对方的反应提出有效的反向建议。

《谈判力》的作者，著名的哈佛大学教授罗杰·费希尔将交涉用一个单词进行了极端归纳，即 preparation（准备）。

三、应该掌握什么

那么交涉的准备具体应该掌握或认识什么呢？最低应当结构性地掌

握以下4个要素来进行交涉，它们都属于交流基础，与之前章节中所述的内容并未有太大差异，也符合交涉的脉络。

关系人：与谁进行交涉？对方的关注点是什么？

自己的任务：自己要通过交涉实现什么？

对方的感情与规范：当前状况能否交涉？除了利益之外，对方还重视什么？

利害与争论点：对方与自己的利害关系如何？有什么争论点？

忽视其中任何一点都很难得到期待的结果，因此需要慎重地搜集信息，有所预设。

此外，一对一交涉与3人以上交涉（例如联合国的多国交涉等）相比，复杂性大有不同，不过本书暂且以最基本的一对一交涉为前提来讨论。关于3人以上的交涉，第6章会议篇中所介绍的部分内容可供参考。

图表 4–1 交涉的流程

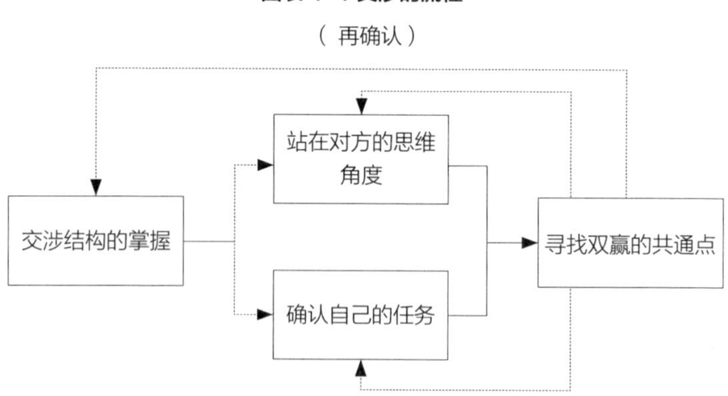

四、思考流程

抓住这4个要点来进行交涉时，如其他章介绍的一样，仍然需要注意图表4-1中所示的流程。在介绍掌握交涉结构的各论点之前，这里先对该步骤做说明。

以上流程并不是单次循环，而是通过准备或实行的阶段，一边反馈一边重复进行的。

（一）步骤1：掌握交涉结构

首先在准备阶段要大致理解上文提到的4个要素。尤其是“关系人”容易被遗忘，所以需要各位注意确认。

（二）步骤2：站在对方的思维角度

在第2个步骤中，需要理解交涉对象所处的立场，关心的事项和心态状况等，因此要站在对方的视角来思考，特别要掌握后两个要素。

这一步骤的要点在于，要认识到自己与对方所认为的重点基准不同，尤其是要先假设对方可能会认为重要的东西，有意识地围绕这一点来做工作。

（三）步骤3：确认自己的任务

接着（或者与步骤2同时），分析交涉对象后也对自己做同样的分析。

人们大多很难冷静地判断自己所处的立场，尤其是在没有直接的交涉对象，而是针对企业内部进行说服或交涉时，了解自己具有怎样的权限，被赋予了怎样的任务是极其关键的要点。

但第2步对对方的分析和第3步对自我的分析有极大的不同点。因为对方的状况基本都来源于他所给予的信息，很难掌控，但自己的状况是可以掌控的，也就是能将自己改善成对交涉有利的状况。例如在和对方交涉之前先说服上司，获得权限，或者向善于交涉的前辈吸取经验。像这样，不仅确认自己的任务，还良好掌握自身状况，就是交涉前的关键所在。

（四）步骤4：寻找 Win-Win（双赢）的共通点

这是努力找出彼此都能有所收益的交涉结果和妥协点的步骤，也是最具有交涉实感的步骤。

近年来的交涉中，已经将实现 Win-Win 才是最佳途径当作了常识。Win-Win 是与 Win-Lose（输赢）相对的概念，指非单方面获利，彼此都通过交涉得到了某些利益，使双方满意度都提高的状态。

Win-Win 的思维成为主流，其背景是由于商业中与同一家公司进行持续交易的情况较多，因此必须通过交涉让双方都得到一定程度的满足。事实上根据各种研究证明，单方面的 Win-Lose 交涉中，即使是胜者，一旦该交涉结果的相关信息传入第三者耳中，也会导致其对外印象恶化，从而在势力关系发生变化时遭到反噬，或者导致长期不佳的状态。最近随着网络的发达，企业评价与口碑的扩散速度更快，因此这种倾向也愈加明显。

对于认为“交涉就是打败对方”的人来说，Win-Win思维也许会令他们感到奇怪，但现在这种协同方式才是引导个人和企业走向成功的关键。

最近Win-Win or No Deal（如果不能双赢就没必要勉强妥协）的说法相当流行。另外在Win-Win状态中，让彼此效应、满意度达到最高状态也被称作合计收益最大化（详细请参照168页），这一状态在最近的交涉学中被视作是最高的妥协点。

这就意味着在交涉准备中，需要预先找出Win-Win的共通点，并且也表明了很好地理解交流结构，掌握自己与对方的所处位置的重要性。

此外，如果双方想到得到Win-Win的结果，那么在交涉中都会摆出积极解决彼此问题的对话姿态，自然而然，当双方都以解决问题的姿态进行交涉的话，就很容易得到Win-Win的结果。这虽然并不适用于所有案例，但如今的交涉不再是对决，而是在逐渐转变成问题解决。

掌握关系人

结构性掌握交涉的第1步就是了解谁与交涉有关。当然，这并不是指弄清关系人的名字，而是指理解他们的关注点以及他们的伙伴关系。案例5的失败细究起来就是没能理解重要关系人的关注点，太过单刀直入了。

一、关系人是谁

首先要了解有多少人与该交涉相关。如果是企业间进行交易，那么除了销售负责人和购买负责人之外，背后还有开发、制造、财务、会计乃至法务等多职位关系人，并且作为买手的顾客也可能与交涉有千丝万缕的关系。从阶层上来看，上至负责人等级，下至销售等级都可能与交涉相关。我们需要掌握这些关系人都是谁，关系图具体是怎样的规模。

二、各关系人的关注点是什么

例如同样是买方，对于财务、会计负责人而言，最关注的是如何控制成本，而对于开发负责人而言，最关注的则往往是如何提高品质。另外，即使关注点相同，各自重视的程度也大多有所差异。

当关系人之间的关注点不同时，掌握谁关注什么，或者说掌握具有话语权的关系人关注什么就是关键所在。

三、决策者是谁

第3个要点是掌握在多位关系人中，谁是最终的决策者。市场营销用语将这种决策者称之为DMU（决策单元）。即使你彻底说服了面前的交涉对象，只要最终决策者不能理解或接受，这次交涉就是失败的。

相反，即使你面前的交涉对象没有给予良好回应，但只要能间接说服决策者，该交涉就是成功的。

直接交涉对象没有最终决策权，还需要进一步说服企业内部决策者的交涉被称作“多层交涉”。在多层交涉中，弄清各关系人的关注点具有极为重要的意义。此外，为了便于企业内部的说服，准备并提交材料（如演讲资料等）是比较有效的方法。如果是老练的交涉者，还可以有诸如“对（贵公司的）A应该这么说，B应该那样说”之类的说服指南。

四、关系人之间的关系如何

接着要掌握的是与交涉相关的人员之间究竟处于怎样的关系。最重要的是指挥命令系统这种官方关系，但也不能忽视个人性格与喜好是否相合等私人关系。理解这种关系将极大地影响交涉的发展方向。

例如当交涉对象是优柔寡断的人时，如果事先了解到此人的上司也对此感到忧虑，那么可以放弃一对一交涉，直接与上司接触反而更能加快交涉进度。

五、交涉人与自己的实力关系如何

客观理解自己与对方究竟哪一方处于强势立场也很重要。大型连锁便利店 A 公司与为该便利店供应便当的小菜制造商 B 公司进行价格交涉时，可以从3个关系形态来考虑。

形态1：B 公司销售额的50% 来源于 A 公司，A 公司除 B 公司之外还有其他3家便当供应商，份额各占25%。如今还有更多的小菜制造商希望与 A 公司交易。

形态2：B 公司销售额的25% 来源于 A 公司，A 公司除 B 公司之外还有1家便当供应商，份额各占50%。

形态3：B 公司销售额的10% 来源于 A 公司，B 公司是唯一满足 A 公司品质要求的供货商，由 B 公司垄断供货。

A 公司负责人与 B 公司负责人一对一交涉，那么各自关系性的不同会极大改变两者的实力关系。从 A 公司的立场来看，形态3与形态1相比，实力关系明显处于弱势。因此，当处于形态1的实力关系时，A 公司立场更为强势，可以通过比较其他供货商等方式来让 B 公司接受自己的条件。相对的，在形态3中，A 公司则很难强势地提出要求（形态2由于还有1家供货商，A 公司对 B 公司的依赖度并不算高）。

如果不能理解这些状况，就很容易在交涉中采取错误的方法。例如

A 公司负责人明明处于形态3的状况，却以形态1的立场与 B 公司交涉的话，最坏的情况是导致 B 公司停止供货，从而使 A 公司的店铺运营出现问题。

像这种自身与交涉对象之间存在巨大实力差距，或者有巨大信息差异的交涉被称作不对等交涉（相对的，交涉者的实力关系与信息量相近的交涉被称作对等交涉）。一般而言，越是大型企业越容易处于强势立场，但也并不绝对，有时小企业或个人也能在面对大型企业的时候具有强硬的交涉力，例如唱片公司与著名歌手之间的关系。

不对等交涉中，弱势方往往会被强势对象或信息丰富的对象压制，因此在处于弱势立场时需要做好慎重的准备，制定最低目标。

前文中介绍过，如今交涉已经逐渐从对决转为了相互的问题解决，但与职场的问题解决不同，这里如果感到“与这个人讨论如何解决问题是行不通的”，有时可能需要果断中断交涉，转向其他交涉对象。

专栏：交涉流程的开放化

交涉流程的开放化是弱者的交流战略手法之一。换句话说，就是让绝对的第三者来作为多数的“裁判”，防止欺凌弱者的不平等交涉发生，限制交涉对手。越是大型企业越对社会看法和品牌口碑极其敏感，因此才诞生了这种战略。

尤其是最近，由于博客和推特等网络媒体的发达，这种开放化更容易实现。

但如果不谨慎利用开放化，反而可能唤起对方的不信任感，所以在执行时需要多加留心。

六、掌握关系人的映射

整理交涉者身处环境的作业就是映射。这是将交涉在怎样的关系性中成立进行图表化，以此作为实际交涉时的参考（图表4-2）。交涉前整理好最低限度的信息，视觉性地展示利害关系，归纳为容易找出共通点的图形。

但要掌握所有关系人的情况是很难的，而且当关系人较多时，要记住所有信息本身也不可能，强行去做反而会让交涉进展失去效率，因此先将所知范围内的信息图表化，再补充自己认为必要的部分即可。

图表化的代表例子有“社会关系网图”。据说有能力的开发者会事先制作一张包括居民职业、学历、兴趣、宗族、血缘、利害关系、关注点（金钱、环境、移居地等）等在内的巨大地图，然后再开始工作。

七、案例分析

案例5中，浅野应该提前掌握谁是真正的决策者，他／她关注什么，以及他/她对谁具有什么影响力，他们又关注什么，通过这种关系来了解情况。

图表 4-2 映射例

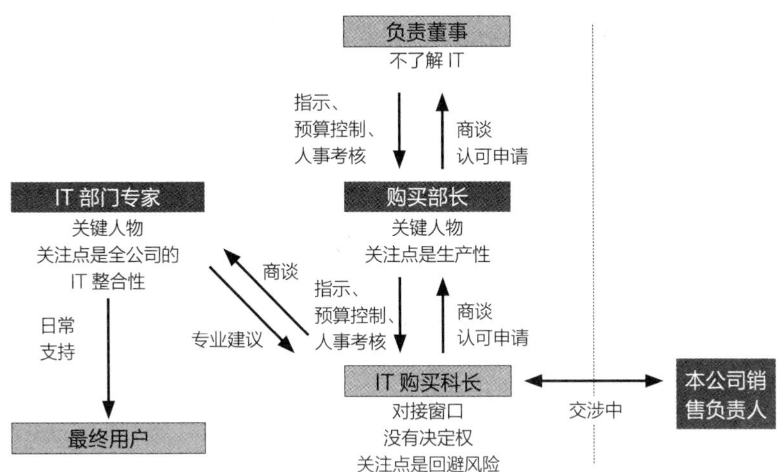

当然，如果是新顾客的话，要做到这一点是比较难的，不过案例5中是已有一定关系的原有客户，因此可以通过询问本公司的相关人员来改变交涉方案。

掌握利害的结构

要让商业交涉有意义，需要在正确掌握第3章所述感情与规范的同时，进一步正确掌握交涉所带来的利害。在时刻注意双赢的同时，驱动创造性，实现交涉成果的最大化。这里我们继续来看案例6。

案例 6

后来经过了一系列迂回曲折，下田产业内部在经过详细讨论后认为角山制作所的产品仍是强有力的选项之一。于是浅野再次访问平井，重新就条件方面进行交谈。

浅野提出条件后发现与平井的想法存在巨大差异。角山制作所已经将当初的价格1500万日元降价10% 到1350万日元，但平井表示“购买山田工机的产品只需要900万日元。即使贵公司产品性能更好，但超过1050万日元，性能带来的效果也被抵消了”。

部长给予浅野的降价最低额度为1250万日元，而从平井的语气来看，应该有可能再妥协100万日元左右，但即使如此还是有100万日元的缺口。浅野正在脑中计算数字时，平井又说道：

“贵公司的产品目前确实是强有力的候选，但并不是唯一选项。当然，我们也承认贵公司产品的优秀，但在金额方面无法达成一致的话，我们也只能考虑其他公司了。这对于贵公司而言也不是好结果吧。”

当天最终没能达成一致意见，只能商定1周后再次就条件进行商谈。

在第2次交涉中，浅野直接说道：“本公司再次讨论的结论是从成本方面考虑，很难降价到1300万日元以下。贵公司无论如何都无法接受这个价格吗？”

平井立刻回答道：“那和前一次基本没变啊。贵公司有贵公司的难处，我们也有我们的难处。本公司最大的让步是不超过1100万日元，否则只能购买其他公司的产品了。”

但浅野紧咬不放：“我公司可以在交货期和支付期限上尽可能给贵公司优待。”

“这种事其他公司也可以做到，而且仅凭交货期和支付期限的优待，不能弥补10%的价格缺口啊。”

浅野又进一步说道：

“贵公司现在难道就没有困扰之处吗？只要使用本公司产品，在制造工程上能更为灵活，步骤更替也很简单，万一出现产品故障，我们也会立刻为您更换。”

闻言，同桌的生产管理科的远藤信二有了反应。

“我们确实深受产品故障的困扰。山田工机虽然也会立刻派销售员过来，但销售员什么都做不了，最后还是得请工程师修理。如果能优先更换机械的话，就能减少制造损失了。”

“那大概是多大程度的损失呢？”浅野问道。

“虽然也并不是一定会出现故障，但一旦发生就会带来3天左右的损失，换算成金额大概是3000万日元。不过这种故障大概两三年才会有一次。”远藤回答道。

浅野认为这是个机会，于是继续道：

“虽然我认为本公司产品应该不会出现故障，但万一发生的话，可以将3天的损失缩减到1天。换句话说，平均能保障贵公司2000万日元的机会损失。而2000万日元左右的机会损失的十分之一包含在购买价格里的话，从这个角度考虑，1300万日元其实非常划算了。”

远藤微微点了点头，平井也对浅野说道：

“那么在签订合同时能添加一项，保证当购买机器出现故障时能在第2天之前更换替代机器，否则需支付违约金吗？”

浅野大喜过望，连忙回答：

“这需要我回公司商谈，但基本上没问题。”

浅野心想，虽然细节尚需要确认，但这种程度的承诺应该不会增加多余成本。而平井在听到他的答案后也回答道：

“那么今后就按这个方向来确认合同书的内容了。”

一、掌握利害结构的概念

要结构性地理解交涉中的利害关系所必需的概念包括极限值、BATNA、ZOPA。这里简单地来看一下。

（一）极限值

所谓极限值，是指譬如在价格交涉时，对于卖家而言的最低底线售价，对于买家而言的最高购买价格。换句话说，也就是最大的让步极限。在销售某个产品时，自身利益为零的价格为通常的极限值。有些交涉的极限值不仅限于价格，还包括个数、比率等。

（二）BATNA

BATNA也就是除交涉对象所提出的选项之外最期望的替代方案。大多数情况下，这会达到该交涉的极限值。如果自己没有BATNA（也就是没有其他选项），在面对交涉对象时将处于极其弱势的立场。

（三）ZOPA

ZOPA即交涉可妥协的条件范围。比如作为卖家的自己的极限值为100万日元（以上还有降价的余地），买家的极限值为120万日元（以下可以支付），那么ZOPA就是100万日元到120万日元之间。

以具体的例子来确认一下这些概念好了。

大学生 A 君考虑向朋友 B 君转让电影 DVD 软件（购买价格5800日元）。由于 A 君所持有的软件附带初回限定特典影像，所以他预计二手转让也应该有相当高的溢价。为防万一，他还查找了网上拍卖的定价，为10000日元，比较多个网站后发现基本都在10000日元左右浮动。而且他知道 B 君是该电影女演员的狂热粉丝，认为即使价格稍贵一点对方也会购买。

加之 A 君这个月被邀请去了多次饮酒会，如今钱包空空，打工费还得等1周才发，如果没有10000日元日子会很难过，所以即使是朋友也想要尽可能卖高价，打算以15000日元卖给 B 君。

而 B 君得知 A 君打算转让后喜不自胜。当然，他也打算按正常价格支付，但并不清楚市价，于是到二手 DVD 商店寻找同样的 DVD 后发现售价13000日元。由于和 A 君交往已久，考虑到 A 君的性格，知道对方可能漫天要价，也清楚他这个月钱不够花，但 B 君自己也并不宽裕，最多只能拿出15000日元。考虑到并不想一开始就出高价，所以他打算先开价8000日元。

那么这种情况的极限值、BATNA 和 ZOPA 分别是什么呢?

极限值：这个案例中，由于存在网上销售这一明确的 BATNA，因此 A 君的极限值也是 BATNA，为10000日元。如果不存在 BATNA 的话，极限值可根据不同的想法而定，例如：购买价格5800日元；0日元（赚1

日元也比没有强的想法）；A 认为的该 DVD 的价值，等等。

另一方面，B 君的极限值和 BATNA 则是二手软件店的价值13000日元。如果没有二手软件店的话，极限值就是他能支付的最高金额15000日元。

BATNA：A 君看了网上拍卖的标价，B 君也看了二手软件店的价格。如果两人交涉不顺利的话，A 君卖给网上拍卖，B 君向二手软件店购买即可。因此，A 君的 BATNA 为10000日元，B 君的 BATNA 为13000日元。

ZOPA：两者 BATNA 的重合部分就是 ZOPA。该案例的 ZOPA 为10000日元以上，13000日元以下。

在该案例中，交涉者的目的是在 ZOPA 的范围内，也就是10000日元到13000日元之间，让交涉结果尽可能地接近对方的极限值，也就是让自己的利益最大化（图表4-3）。交涉者虽然知道自己的极限值，但不可能直接了解交涉对象的极限值。因此通过交涉的过程来尽可能地预测对方的极限值是让交涉对自己有利的关键（相对的，尽量不让对方知道自己的极限值）。

除了极限值、BATNA 和 ZOPA 之外，参考值和目标值也是能帮助结构性地掌握利害关系的概念。

（四）参考值

交涉中探寻对方的极限值或决定共通点时用于参考的数值（信息）

就是参考值。一般而言，过去类似状况的交易价格、同业其他公司的信息、类推成本中加入类推利润等都可作为参考值。上述案例中，如果A君从友人C君口中得知“我认识一个用13000日元购买同样的软件的朋友”，那么这就可以作为一个参考值。

图表 4–3 BATNA、ZOPA

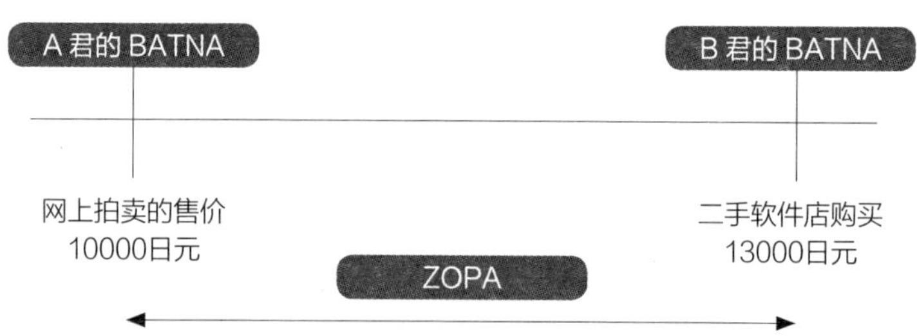

如果能将大量信息作为参考值的话，就能以更为冷静的姿态进行交涉。当然，我们必须努力保证这些信息的正确性和可信赖度。

（五）目标值

在实际的交涉中，通过情报搜集的参考值和推测对方的极限值来找出“这里就是共通点”，这种共通点、妥协点就是目标值。进行交涉时，要事先对现实性的目标值有一定概念，再根据交涉进度逐步将其修正为合适的目标值。

在这些情报的基础上，如果不能对状况做出充分的判断，直接从一开始就提出条件是非常危险的。这样提出来的条件在某些情况下可能会让对方失去交涉意欲，导致自己不得不一开始就做出不必要的让步。因此正确的流程应当是先确实地掌握自己的极限值和 BATNA，并且在探寻对方极限值和 BATNA 的同时，以参考值为依据判断 ZOPA，再抓住目标值。

专栏：结构性地理解“威胁”

在实际交涉过程中，“威胁”也是常用手段。例如“如果不按约定金额购买的话，那只能去该去的地方见了（指法庭见）”等就是典型的例子。

如果能以结构性的方式来说明威胁，那么将“通过影响对方的极限值，让妥协点对自己有利”。换句话说，就是通过“审判”对方的极限值，使其退让，从而扩大 ZOPA（图表4–4）。

此外，在使用“威胁”时最大的问题是如何表演。在该案例中，如果被威胁方知道上法庭对于威胁方而言也是极大的负担的话，就能看透“法庭云云不过是虚张声势罢了，对方也不想付出那样的代价。”

图表 4-4 对方极限值后退

如果处于买家立场，需要承担走法律程序所产生的费用时，可能会陷入即使高价也不得不购买的状况

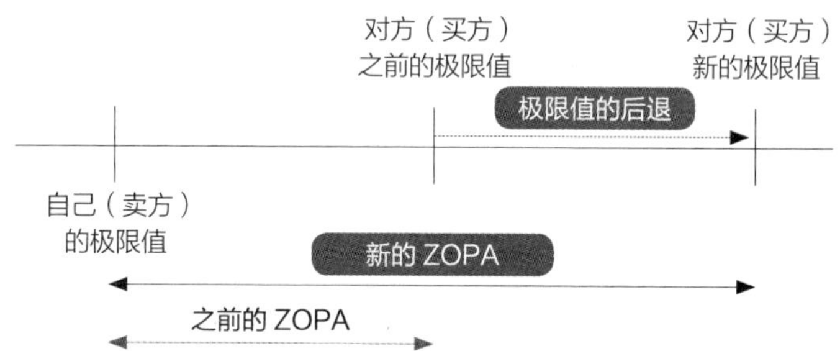

因此一般情况下，威胁方会表现出这对自身极限值的影响较小。在该案例中，可以表示“对于我们而言，上法庭并不是什么大事，但对你们来说就麻烦了”。

此外，威胁在仅限一次的交涉关系中或有自身期待极限值的情况下很有效，但如果打算与对方构筑信赖关系的话，一般并不建议使用。不过为了防止对方使用，也必须了解该结构。

二、找出多个争论点

在实际的商业场景中，像上述例子那样只存在一个争论点的交涉（单一争论点交涉）其实是很少见的。当存在各种利害的争论点时，需要对某个争论点表现强势的主张，对某个争论点做一定的让步，以此来

找出对彼此最合适的妥协点。

例如当职业运动员更改合同时，虽然最具话题性的是年薪，但除此之外还包括合同期限、是否有过转会、是否有专属教练、是否有义务参加宣传活动等各种争论点。其中就可以采取年薪较低但合同期限长的做法。

在交涉中思考多个争论点的好处有以下2个。

（一）容易将双方的满意度最大化

交涉当事人对所有争论点都持同样价值观的状况是极为罕见的，通常情况下存在“对我而言不重要，对对方而言却十分重要的争论点”和反过来“对我重要，但对对方并不重要的争论点”。当这两者同时存在时，自己让步一个争论点，对方也让步一个争论点，就能使双方的综合利益最大化。

以租房交涉为例。最重要的争论点当然是房租，假设交涉范围为每月20万日元到30万日元之间，另一个争论点为合同期限，假设有1年或3年2个选项。这时房东如果坚持3年合同，而租客并不那么在乎合同期限。换算成金钱的话，可得出相当于房东1年合同亏2万日元，3年合同赚2万日元的房租价值。

以25万日元房租为基点来看双方的利益金额。首先仅从房租这一争论点来考虑，如果房租以28万日元达成一致的话，房东利益3万日元，租客利益负3万日元。相反，如果以22万日元达成一致，房东利益负3万日元，租客利益3万日元。无论哪种结果，房东（或租客）所获利的部分都要由租客（或房东）承担，因此房东与租客的总计利益为零（这种交涉被称作零和交涉）。这是争论点只有一个时的交涉特点。

当第二个争论点，即合同期限加入之后又会如何呢？从房东的角度来看，合同期限是“对自己很重要，但对租客而言并不那么重要的争论点”。如果租金以25万日元达成一致（假设为条件A），那么就可以提出以下提案：“房租降到24万日元，但要签3年合同，可以吗（条件B）？”

条件A与条件B中，双方的利益金额如下。

条件A——

房东：租金方面零（合同期限方面零）

租客：租金方面零（合同期限方面零）

合计：零

条件B——

房东：租金方面负1万日元，合同期限方面2万日元。合计1万日元

租客：租金方面1万日元，合同期限方面零。合计1万日元

合计：2万日元

从条件A到条件B，其差别在于对第二争论点，即合同期限的交涉来让各自所得利益以及合计利益增加。

实际上，善于交涉的人会找出“对自己不那么重要，但对对方非常重要的争论点”，通过核心的争论点来引导出对自己有利的条件。结构

性地理解自己和对方的关注点的重合之处，实现最佳交换。

（二）创造 ZOPA，使交涉实现妥协

通过找出新的争论点，就有可能创造出之前没有的 ZOPA，从而使交涉实现妥协。

让我们试着分析前述角山制作所的案例。最初的状况是作为卖家的角山制作所的极限值为1250万日元，作为买家的下田产业的极限值为1100万日元。这样一来，就不存在 ZOPA，也就意味着交涉妥协的可能性为零（图表4-5）。

这时角山制作所的浅野缩短了纠纷时间，为了避免对方积极性降低，直接引入了新的争论点。该争论点对于角山制作所而言基本不会增加新成本，但却可以让下田产业获得极大的经济收益。引入该争论点的结果是下田产业的购买金额极限值提高200万日元后达到1300万日元，从而产生了 ZOPA（图表4-6）。

图表 4-5 最初的状况

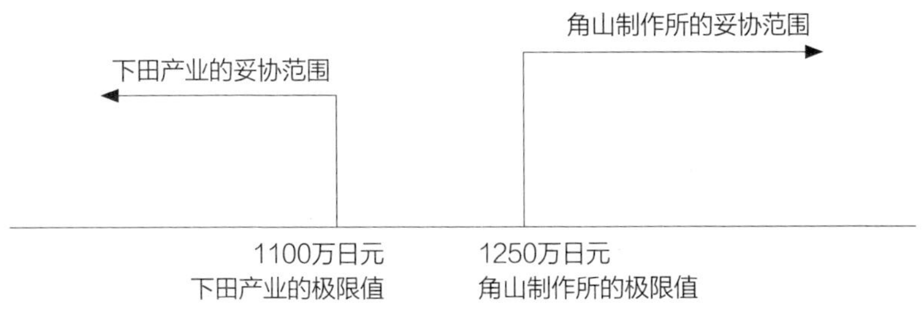

像这样有多个争论点时，在初期就达成一致的情况（出现 ZOPA）并不少见。交涉争论点多的案例一般来说比单一争论点的案例所需交涉时间和成本更多，但更容易找出彼此都能接受的创造性解决方案，也更容易实现双赢的结果。当争论点单一，且找不到妥协余地时，也要考虑其背后是否还有其他未被发现的争论点。像这样通过挖掘并加入争论点，就能引导交涉走向成功。

另外，即使是充分理解双赢的人，有时也会落入陷阱。这就是纠结于让每个争论点都实现妥协，反而错失综合上实现双赢的机会。

例如专业运动员的合同案例，如果要求"年薪很重要，所以先从简单的开始，先整理好球队宣传协助、专属教练的问题之后再谈年薪"，那么就很可能错失双赢的妥协点。因为最后的交涉是最重要的年薪，那么在克服这一争论点时即使想要讨论包括年薪在内的全局话题，也会由于反复回到已妥协的小争论点（简单的问题），很难再对其进行讨论。

所以我们可以从中得到的教训是要尽量综合性地进行交涉，多留下双赢的余地。

图表 4-6 新的状况（创造 ZOPA）

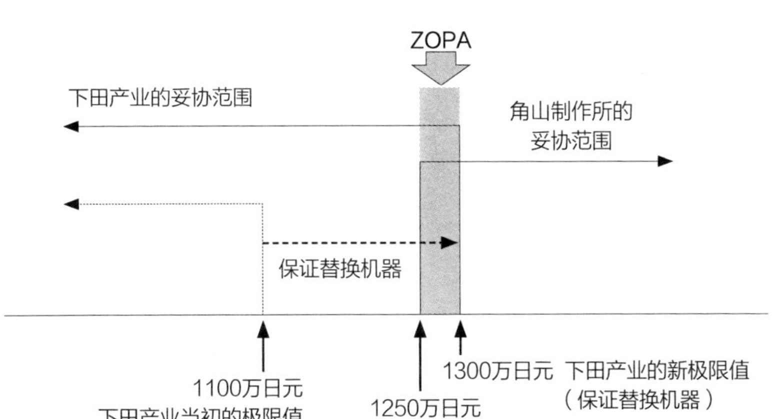

专栏：需求是否一致

有时候，人看起来在争夺同一个东西，但实际需求并不一样。

例如假设两个人争夺一张演唱会门票，仔细询问后发现一位是为了直接去见歌手本人，另一位却是想要去录制音乐（此处暂且不计在演唱会上录音是否合法）。

那么这就可以达成让前者带录音装置去演唱会，之后再将录好的音乐交给后者的妥协点。像这样通过协调交流，就能弄清各自的需求。

三、两者合计收益最大化

通过对所有争论点进行交涉，使双方的合计收益最大化就是所谓的两者合计收益最大化。这也是实现双赢妥协的究极形态和理性形态，基本上我们都会以这种状态为目标，因此需要弄清所有能想到的争论点。方法大致有以下两种。

一种做法是直接加入自己想到的东西，将之前的见闻暂且做成列表。比如唱片公司与著名歌手之间对发行 CD 进行交涉时，最少会有版税率、版税方式（固定、变动、混合）、初版的印量、再版权、信誉、广告（电视、广播、宣传单）、歌手宣传（电视演出、广播演出）、对人推广（对唱片店、对有线、对媒体），以及其他市场营销等争论点。那么要在这些基本争论点的基础上，再加上由之前见闻所提出的争论点。这种做法虽然简单，但不需要花费太大功夫也能导出主要争论点。

另一种做法则是根据批判性思维的手法，活用框架。比如在市场营销的合作交涉中就可以活用4P，还可以使用更为常用的5W1H 框架。当然，不仅可以利用已有框架，还可以采用通过逻辑树分解要素的方法（图表4-7）。

使用框架和逻辑树的方法需要花费一些时间，但可以有效避免漏掉基本争论点。

图表 4-7 通过逻辑树弄清争论点

作为办公室租赁房屋，找到某个候选大楼

- 租赁交涉所涉及的争论点
  - 金钱方面
    - 金额
      - 租金
      - 公共费用
      - 押金 · 礼金
    - 支付方法
      - 期限
      - 支付日
      - 金融机构
  - 物件方面
    - 办公室空间相关
      - 面积
      - 楼层
      - 电力设备
    - 周边环境
      - 停车场
      - 公共空间
      - 其他租客
  - 附加条件方面
    - 合同相关条件
      - 更新方式
      - 取消方式
      - 危险承担
    - 办公室使用相关条件
      - 安全
      - 清扫 · 修缮
      - 招牌 · 显示

四、争论点的定量化

进行多个争论点的交涉时，由于判定争论重要性的单位不同，所以就会带来不知该如何比较某两个争论点的烦恼。以前述 CD 发行为例，

“封面简介如何设计”这一项目和“CD 商店的宣传活动开展多少回”这一项目，很难直接换算成金钱。但就结论而言，这种情况最好还是以某种基准来将其置换成金钱价值，从而进行谋求合计利益最大化的交涉。而这有几种好处。

第一是便于之后回顾该交涉是否成功。从优秀的商务人士必然是能从过去的成功和失败中学习经验的人这一点来看，显然这个好处具有很大的意义。

第二是便于对企业内部进行说明。倾听说明的人是否对定量化时的价值判断满意先不提，至少他们更容易理解交涉者是基于怎样的思维达成妥协的。如果交涉还未完成，那么通过企业内部讨论，也更容易变更争论重点。

第三是能培养客观判断事物的态度。这从长远来看可成为提高批判性思维技巧的手段。

妨碍合理交涉的心理偏见

交涉者有时会因为心理偏见而出现本不应有的不合理行为。先前说过人是感情动物，同时人也是会被心理偏见左右的动物。

要使交涉具有生产性，需要在了解这种心理偏见的构造的基础上，理解自己或对方可能会落入的陷阱。这也是退一步从元视角来客观观察事物的批判性思维的基础想法。

一、交涉者心中潜藏的非合理性

这里首先以最有名的“1000美元分配”实验来说明什么是人类的非合理行为。该实验中，给予2个人（假设为A和B）以下条件（以下将1000美元替换成10万日元）。

条件1：共给2人10万日元。A有权决定如何将10万日元分配给2人。

条件2：B可以服从或拒绝A的决定。

条件3：如果B拒绝A的提案，那么2人都得不到一分钱。只有B接受A的提案，2人才能得到总计10万日元。

那么假设A提出“我得到9万9000日元，B得到1000日元”，B是否会接受这个提案呢?

从B的立场合理考虑的话，无论A给他5万日元、1万日元甚至1日元，只要拒绝，就一分钱都得不到。因此相比较之下，接受1000日元应该更为划算。

但愿意接受这种分配的人恐怕极为稀少，绝大部分人应该会认为1000日元太少，从而拒绝A的提案。

实验结果也是如此。当被实验者 B 认为 A 所给出的提案不合理时，宁可舍弃自己的利益也要惩罚 A（给予制裁），于是拒绝该提案。另一方面，被实验者 A 也会预测 B 的反应，从而避免极端提案，往往会建议“各得5万日元”。

本节将从妨碍人做出合理判断的心理偏见中挑选出5个在交涉中常见的类型（图表4-8）。这是交涉研究者马克斯 · 巴泽曼和玛格丽特 · 尼尔等人所提出心理偏见中，从批判性思维和批判性交流的观点来看尤为重要的部分。

这些偏见在以下两个方面非常有用。

图表 4-8 交涉的心理偏见

不合理的固执	受过去行为的影响
锚定效应	受制于最初得到的信息
交涉的框架	受制于给予的框架
容易到手的信息	被信息“重要度”以外的方面影响
过度自信	盲目自信导致难以客观判断

• 自己在交涉时，可以将偏见作为确认项目来使用。

• 通过看清对方的偏见，实现交涉的生产性。

（一）不合理的固执

所谓不合理的固执，是指被自己当初的行为或过去的行为影响，难以进行合理判断。典型的例子就是为了表现自己过去的决策和投资的正确性而选择本不应该选择的选项。这种情况常出现于不可中止的公共事业中。此外，一旦陷入其中，往往会为了正确化自己的行为而进一步泥足深陷。

避免这种不合理的固执的关键在于意识到沉没成本，养成以远离障碍的视角来进行合理判断的习惯。所谓沉没成本，是指无论选择哪个选项都必然产生的成本（已支付费用），比如过去的投资等。

值得一提的是，近年来在日本逐渐推广的现金流量经营中，由于是根据未来的现金流量进行决策，“已支付现金”作为沉没成本，当然不可能影响未来的决策。

这种由不合理的固执所引起的错误判断，在作为组织的一员进行决策时，比个人的场合更容易出现。这大多是出于“就算将来注定要失败，也比现在被问责要强。而且先把问题丢出去，说不定事态会慢慢好转起来”的心理。

此外，以不合理的固执进行决策的原因之一还包括第3章所介绍的“一贯性定律”。并且当人长期处于某个立场时，会触发只看自己想看的信息，排除不利信息的心理机制，这也被称作实证偏见。所谓实证偏见，是指在提出某个主张时，会倾向于搜集对自己结论有利的证据。这是批判性思维和批判性交流的大敌。

不合理的固执源于这些复杂因素的结合，因此一直是交流中根深蒂固的问题。

（二）锚定效应

人类面对自己不太了解的领域时，往往非常注重最初获得的信息，这种心理倾向被称作锚定效应。

锚定效应也可看作是稍后将要介绍的“交涉框架”的一种，不过这里暂且单独进行解释。

以锚定效应研究闻名的阿莫斯·特沃斯基和丹尼尔·卡内曼曾在初期研究中有过以下实验。

他们将人分为2组，对前一组提问：“非洲各国加入联合国的比例高于45%吗？”接着再问：“那么你认为实际上是多少？”对另一组则先问：“非洲各国加入联合国的比例高于65%吗？”接着再问：“那么你认为实际上是多少？”

有趣的是，前者回答的数值大多低于后者。换言之，即使最终问题一样，但由于前面提示的数字不同，受其影响所得到的回答也不同。

这一心理效应在交涉中也十分有效。如果最初能巧妙地在手心中投下锚的话，就有可能让最终达成的共识对自身有利。事实上，锚定效应比交涉中的战略更能影响对方。

顺带一提，最常用的锚定效应是卖家向不特定数量的买家提示“定价”或“显示价格”。无论是怎样的买家，都不可能在交涉时完全不受该数字影响。

越是具有“高价”“无形”“新奇”“不熟悉”等特征的产品和服务，这种倾向越明显。不熟悉海外旅行的日本观光客在购买土特产时很容易被是实际价格10倍的标价影响，从而支付高价也是由于这一机制。

不过，用于锚定的数字并不一定是权威数字。非交涉当事人的第三者的无心之语，或者那天发售的杂志上刊登的本不令人重视的统计数据等等都有可能成为影响当天交涉当事人心理状态的锚定。

成为老练的交涉者后，不仅要传达个人的锚定，还要学会假装若无其事地向对方泄露第三者的信息。这是利用了“比起刻意告知的交涉信息，不小心泄露的情报更值得信赖”这一心理。

为了防止受到对自己不利的锚定效应影响，特别是在与初次见面的对方进行交涉时要注意对方提出的条件“是否是对自己不利的锚定。”

（三）交涉的框架

人的思维在无意识中是遵循某个“框架”的。即使阐述的是同样内容，根据其给予框架的不同，感觉和满意度也会发生变化。

比如以下所示的一系列成套选项A和B其实本质是同样内容，但改变框架后就让接受的印象产生了差异。

A：“保险费支付额为每月2万6000日元。”

B：“保险费支付额为5年总额156万日元。”

A：“安打率3成。”

B：“10次挥棒7次出局。”

A：“年薪从900万日元涨到1000万日元（的档次）。”

B：“年薪从11万2000每月涨到12万5000每月。”

A：“（从贷款方的立场）按每月2.5%的复利计算，100日元本金第二个月变成102.5日元。”

B：“按每年35%的复利计算，100万日元的本金第二年变成135万日元。”

A：“总之希望高价出售。该产品的制造成本为100万日元，如果能卖到这个价格以上，至少不会亏损。”

B：“总之希望高价出售。该产品的预期销售价格为200万日元，如果能卖到这个价格，将获得极大收益。”

框架模式多种多样，其中代表性的分类如下。

- “用数量表示”与“用比率表示”。
- “大跨度表示”与“小跨度表示”。
- “尾数表示”与“整数表示”。
- “正向表示（表示可得利益）”与“负向表示（表示防止损失）”。

在交涉中最应当注意的是如何区别使用最后的“表示可得利”与“表示防止损失”。交涉相关的各种研究中，提倡“如果要使交涉具有生产性，那么交涉当事人不应当思考如何止损，而是应当套用如何得利的框架。”

在实际的交涉场景中，寻找和提出能引导对方正向思维的框架是非常有效的手法，这也是交流的奇妙之处。比如只要将给予以下对象的参考值从 A 变为 B，就能让交涉更为友好地进行。

A：“很遗憾，我们不得不扣除50万日元，将你的年薪从700万日元降到650万日元。因为你现在的年薪不符合你的性价比。”

B：“所有管理人员都评价你现在的性价比相当于600万日元，但我们将你的年薪定为650万日元。”

像这样在交涉过程中有意识地改变他人思维框架，我们称之为“重置框架”。通过推测对方对事物的印象并强势引导其思维，最终找出能实现双赢妥协的框架。

（四）容易到手的信息

人们往往更容易被便于入手的信息、频繁接触的信息、印象深刻的信息所左右。优秀的交涉者应当准确区别重要信息与其他信息。

上述信息中最容易形成心理偏见的是“印象信息”，其中最有名的就是人事考核手册中经常出现的“光环效应”（光环指晕轮）。这是指当某人在某个工作中获得了优秀成果后，这一印象会长期残留，导致难以正确地评估他。或者是前辈、有识之士、名人等的评价比同事的评价更让人信赖，这些都是光环效应的一种。

在批判性思维中，找出有依据的真相是非常重要的。在交涉场景下，弄清“谁对什么说的意见是否值得信赖”也极其重要。

此外，最初和最后的信息容易给人留下印象也是常见的心理倾向。听演讲或看书时最记忆深刻的往往是最初和最后的内容，因此要尤其注意这部分应该如何传达。

（五）过度自信

最后要介绍的是在交涉中最麻烦的心理偏见，即过度自信。人总以为自己的判断是最完美的，往往都有盲目自信的倾向。下面用一个简单的实验来证明。

首先随便给被实验者一个主题，让其推定“不太普及，但能以常识进行某种程度的想象的数据”。例如日本消费者金融公司的数量或者日本每年的创业数等。

接着再问：“那么你认为你所推定的数字在实际数字上下20%范围以内的概率为多少？”

假设被实验者回答“30%”，那么这时他的推定值实际处于指定范围（上下20% 范围）内的概率是高于30%（被实验者所回答的数值）还是低于30% 呢？

各种实验表明，“低于”30% 的可能性具有压倒性优势。换言之，回答者对自己所猜测的数字抱有莫名的自信（认为猜中的概率高），即使这种自信毫无依据。

这种过度自信也会出现在交涉场景中。例如“我的交涉（应该）很完美”“我（肯定）理解了对方的交涉逻辑”等的盲目自信。这隐藏着破坏双赢交涉的危险性。

过度自信很难自行判断，只能让第三者来确认，例如当上司确认自己的决定或者让专家提供建议等。尤其在自己不熟悉的领域进行交涉时，最好将检查是否过度自信作为必要成本来考虑。

以批判性思维为基础的交涉，必须铭记“谦虚”是条件之一。

心理偏见扎根于人类的根本性心理和大脑活动，因此不可能100% 摆脱，但客观看待自己，在交涉过程中保持不受心理偏见影响的冷静是必要的。

第5章 训练

要点

以对部下提出合适的问题为轴心的训练，不仅与部下的能力开发和动机提升有关，还有促进当前问题解决和正确决策的效果，是作为上司必备的技能。

案例 7

佐野一郎是中坚制造商——新日本化学工业总公司销售部促销科科长，现在40出头，在公司内是出名的理论派，3年前就任现职。

佐野科长所领导的促销科的业务就是将本公司产品推销给全国医疗设施的促销活动。实际销售会在各地销售点进行，但要由促销科决定重点销售品类，制定销售战略，所以需要能支持各销售点的，有效地销售公司产品的体制。

促销科内部按产品种类分为促销第1小组和第2小组、第3小组，各有一位35岁上下的组长。管理层要求佐野不仅要拿出促销科的成果，还要在几年内将他们培养成科长级别的人才。

某一天，第1小组的尾崎守带来了某销量不佳的产品 X 的滞销原因分析结果。

X 是2年前新日本化学充满自信开发的分析机器，具有其他公司所不具备的优点。具体而言，就是适用范围广、有自动修正功能、需要维护的次数少等等，因此定价比同类竞争产品高20%。实际上，购买用户的评价都不错，销售额也不算非常差，但经营管理层对它的期待更高，且公司内也需要一个代表性产品。

尾崎这样对佐野科长说明：

“对于 X 得出了有趣的分析结果。不同销售点的销量截然不同。东京销售点为每人1200万日元，横滨为每人1300万日元，名古屋为每人1600万日元，大阪为每人1600万日元，福冈为每人1200万日元。显然，与名古屋和大阪相比，东京、横滨、福冈的销售额太小。我认为可以以此来找出提高 X 销售额的方法。”

佐野对尾崎问道：

“你对此有什么提议吗？”

“是的。据我调查，销售负责人的积极性并没有太大差别，那么我认为是销售技巧的问题，所以我建议先分析名古屋和大阪的销售负责人的销售手段，将得到的知识经验在销售会议上共享，实现技术的横向推广。”

佐野虽然对尾崎的分析给予了一定评价，但从是否能解决现实问题的视角来考虑的话，他并不确定这是否是有效的方法。或者说佐野知道尾崎一直对知识管理很有兴趣，所以有尾崎偏向于自己关注的解决方法的印象。

“我希望尾崎君能再详细考虑一下怎么做和利用什么才能真正解决问题。”

佐野开始思考该如何与尾崎交流。

解说

训练作为培养部下的方法，效果广为人知，询问的方法作为核心也备受瞩目。实际上，从多方面谈话或邮件来往等各种情况下，我们经常接触到各种问题，自己也会提出问题。

但这并不一定都是合适的提问。如果询问不当，不仅得不到必要的情报，可能还会惹怒部下，使其关闭心门。而这不光是因为提问方式本身存在缺陷，还可能是由于人往往会将原因丢给被询问方，认为是“答不出来的人的错”。

本章将聚焦训练中“询问”这一交流方法，介绍其好处和有效的实施方法。

询问的好处

典型的询问是为了“了解不知道的事”。当然，了解未知事物无论对个人还是对组织都有极大好处，但询问除了这种“表面”的好处之外还有很多其他好处，而这才是提高组织生产性的关键所在。

这里介绍代表性的3点：促进思考；活化交流；通过让对方回答来增加责任感。

一、促进思考

询问最大的好处是“促进（部下）思考”这一点。这个只要比较一下指示部下“你去做某事”和询问部下“你认为应该怎么做”这两者情况就能明白其差别了。

前者的部下处于被动立场，可能有不做任何思考的风险。虽然有的部下会主动反问“这是为什么？”“为什么不是那样而是这样？”但遗憾的是，日本商务人士中这属于少数派。

当然，有些情况下（例如对紧急冲突的应对等）不可能先提问再让对方慢慢思考，但如果每次都是上司单方面下指示的话，部下会养成习惯，从而使其丧失积极独立的思维态度。从长远来看，还会降低部下的思考能力，甚至影响批判性思维能力，造成人才培养方面的缓慢，对组织而言是极大的负面影响。

二、活化交流

组织运营的基本就是交流。本书所介绍的目的性较强的、比较高级的交流自不用提，包括交换意见和闲聊等在内的广义交流也在此范围内。能实现信息共享和意识共享的组织与未能实现这一点的组织相比，其职场氛围更好，生产性更容易提高（当然，多是无意义八卦的组织不在此列）。

而询问能增加交流。交流增加的结果就是增加对对方的理解和关注，从而进一步增加交流，容易实现良性循环。不过如后述内容一样，这种询问必须带有积极因素。

三、通过让对方回答来增加责任感

这是第3章的说服和第4章的交涉所共通的要点。人在对某个事物达成一致意见时，比起对方所说的话，往往对自己所说的东西更有当事者意识，从而展现更强的责任感。

比如MBO（目标管理）中，上司说“下一期的目标是1亿日元”与通过询问让对方自己表示“以1亿日元为目标”，显然后者具有更强的实现动机。

MBO 和交涉时经常要求“让对方自己说出共通点”，也是要让对方产生这种责任感。

结构性地掌握询问

询问按各种观点来分类，在了解这些分类的基础上合理区别使用，就能大大提高组织生产性。以下介绍作为管理者，从训练部下的观点出发应当了解的几个类型。

一、询问的目的

首先，以训练为目的的询问，根据其目的可以分为几种类型。其中当然包括“培育”这一要素和领导力的 PM 理论中所说的 M（保持），除此之外也包括 P（得出成果）的要素。

从得到商业上的成果这一观点来看，其中最重要的是“问题解决”和第2章、第3章中介绍的作为促进理解和接受的交流前提的正确决策。极端归纳下的训练询问目的如图表5-1所示。

• 在现实中解决问题。

• 对部下的培育（问题解决能力）。

• 正确决策。

• 对部下的培育（决策能力）。

通常情况下，询问包含多个目的，因此管理者要注意哪个目的是最重要的，并选择配合它的询问方式。另外，一般而言，对部下的培育是长期视角，而问题解决和决策往往是短期视角。

图表 5-1 训练的目的

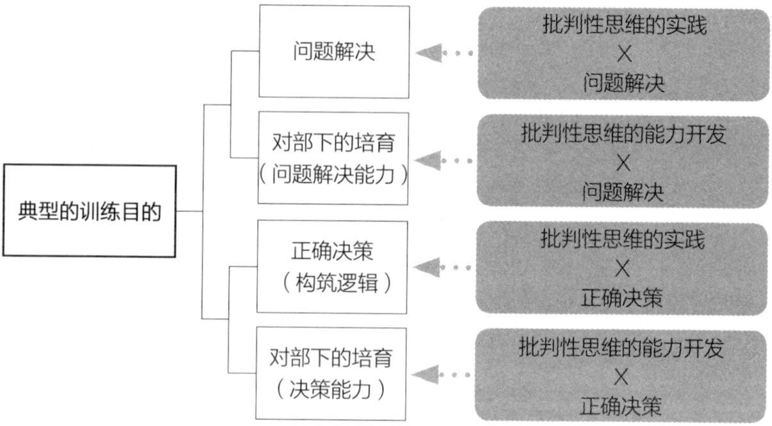

二、是否有答案

询问既可以按目的分类，也可以按是否有答案来分类。

一般而言，询问是要从对方口中引导出自己所没有的信息和答案，也就是以信息搜集为目的。但在与部下的交流中则并不仅限于此，图表5-2展示了部下与上司之间是否有答案的矩阵。

“确认 · 共鸣型”询问大多是用于确认自己与对方的理解是否一致，或者进一步寻找共通部分，拉近彼此间的距离，是新人员工和为职业规划烦恼的中坚员工应当掌握的方法。

“指导型”询问的主要目的则更倾向于促使对方思考，让对方发现遗漏的问题点，而不是从对方那里收集情报，因此多用于对象是新手的场合。这也就是本章所详细介绍的训练型询问。

“共同思考型”询问不需要对方立刻回答，因为自己和对方在当时都没有答案，所以其目的在于明确思维，整理论点，确认依据等一系列思想活化。

图表 5-2 按有无答案分类的询问类型

	对方有	对方无
自己有	确认 · 共鸣	指　导
自己无	信息收集	共同思考

消极性询问

询问中还包括在形式上与促使解决问题的询问基本相同，但实质上是责难、斥责、揶揄对方，或者回避自身责任的消极方向的询问。具体如下。

“为什么连这种程度的确认都不去做？”

“你什么时候才能把计划书提交上来？”（不快的语气）

“我什么时候做过那样的指示？”

“你就没有其他点子了吗？”（愤怒的语气）

这些询问其实并不需要对方回答，主要目的只是要给其施加压力，或者满足自己的自尊心。

斥责等在某些情况下并不一定是坏事，该斥责时必须斥责，但逃避责任的询问只能在那一个瞬间满足此人的自尊心，从长远来看会恶化职场氛围，使人心离散。如果被责难者调到其他部门，或者因为转职等进入了其他企业，遇到当初只会责难和逃避责任的人寻求合作，肯定不会轻易接受。

请务必牢记管理者的责任和义务并不单纯是在短期内创造成果，而是要以中长期的视角出发，提高组织生产性，同时营造良好的职场氛围并培养组织文化。

同时还要体会“因果报应”“好人有好报”“后生可畏”等谚语的意义，

用心与年轻人交流，使其成为自己的同伴，要明白即使对方现在是自己的部下，将来也可能成为顾客或商业伙伴，甚至可能成为自己的上司。

三、询问的听众是谁

以训练为目的的询问大多是设定为与部下一对一的场景，本章基本也默认以这种场景为前提来进行讨论。但现实的商业场景中，有时还存在其他“听众”。

比如在职场的日常交流中，能听到对话的范围内可能会有其他员工。群发邮件（抄送）的接收者也属于此类。在进行训练型询问时，先要意识到是一对一还是有其他“听众”。

听众虽然不是直接被询问的人，但就其结果而言，他们也能从头到尾听到一连串的询问内容，看到谈话情况，因此自然共享了情报和脉络，同时也了解了上司的管理风格和交流风格。总之，良好的训练型询问能加速信息共享和自我风格的渗透，有效提高组织的生产性。

另一方面，有听众在场会给回答方带来压力，有时会使其无法坦率回答。例如失败是由于部下的疏忽大意时，一对一场合下他也许能坦率认错，但有听众时就难以启齿。作为上司要理解对方的心理状态，在此基础上推进工作。

“被斥责者”的效用

表面斥责 A 部下，但实际是让 B 部下从对话中学习也是常用的技巧。基于某些原因，直接对本人说的话可能会使其沮丧或者难以承受压力，那么就可以采用这种方法。邮件的群发功能也能实现同样效果。例如看似是与 C 的交流，实际是利用群发向 D 传递信息，让他反思。

这种技巧需要在掌握每个人角色的基础上，通过“被斥责者”和“被针对人”来向组织整体传递某种信息。这一职责往往由有一定声望的，性格积极的人来担任。

促进问题解决的询问

问题解决是批判性思维的重要应用领域。本节将在确认彻底解决问题之前的一系列步骤的基础上，介绍怎样的提问能加速这些步骤。促进问题解决的询问是最考验上司批判性思维能力的方法。

一、什么是问题解决

问题解决按其原意来解释的话，就是在发生某个问题时，如何去解决它。一般而言，有问题的状态大多是指不好的或差的状态，比如出现残次品后与顾客产生纠纷等。

但这只是“狭义的问题”，我们可以将问题设定在更为广义的范围内。例如本可以比现状更好的状态、原本能弄清不明点的状态等也可以称之为有问题的状态。本章将“原本能够更好的状态”设定为“有问题的状态”，思考如何解决问题，比如以下状态。

- 虽然市场环境比预期的更好，但销售额却只达到了预计额。
- 宣布收购后市场对该消息反馈一般，股价上涨未达到预期。
- 考虑到他 / 她的潜力，明明更具性价比，但成果非常普通。

商业其实就是连续克服这些有问题状态的过程。换句话说，只有能解决问题的商务人士才称得上是优秀的商务人士，因此提高部下解决问题的能力也是上司的重要责任。

此外还有与问题相似的单词，即“课题”。不同人对它有不同的定义，在本书中，课题这一词暂且定义为“为解决问题应当克服的要点”。

二、问题解决的步骤与典型的询问

问题解决中的品质管理等是用于咨询业等领域的成熟方法论。本节将按照图表5-3所示的最标准框架来进行讨论。商业中以问题解决为目的的训练可以按这一流程来提问和推动对话发展。

图表 5-3 解决问题的步骤

问题是什么（What）	问题在哪（Where）	为什么会这（Why）	大致应该怎么做（How）	具体应该怎么做（How）

问题是什么：与问题点、课题认知、目的意识相关的询问。

问题在哪：指出问题点的询问。

为什么会这样：解明引发问题原因的询问。

大致应该怎么做：针对解决对策的基本方针的询问。

具体应该怎么做：确认解决对策执行条件的询问。

尤其是“问题在哪”以后的选项大多会使用批判性思维的代表性工具逻辑树，如图表5-4。

图表 5-4 将逻辑树用于问题解决中

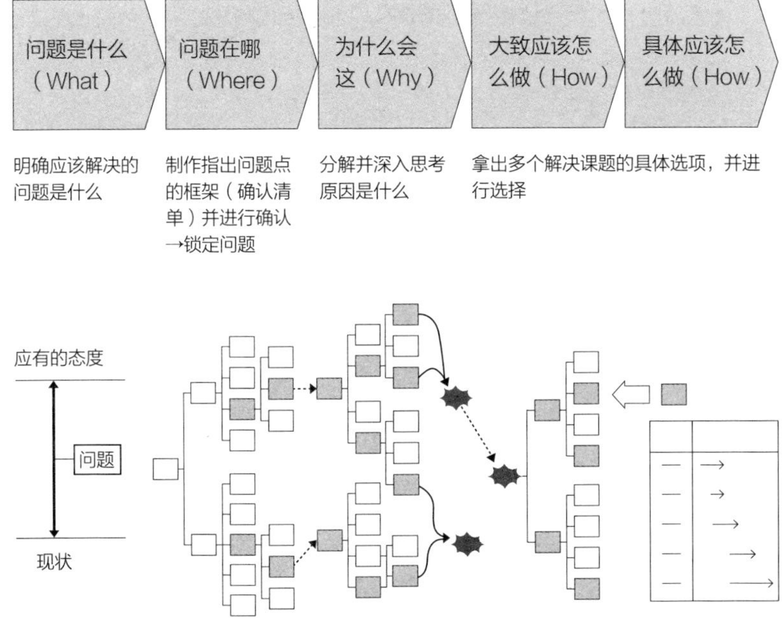

现实的商业场景中，大部分场合都不会按这些步骤进行，往往会跳过某个步骤，突然开始讨论方法论。例如对于“顾客流失”这一问题，突然跳到“应该为留住顾客进行什么促销活动”的方法论。

对此，作为上司的询问者应当做以下的工作。

• 在理解对方针对哪一部分（步骤）进行说明的基础上。

• 回顾步骤，提出直指问题根源的询问。

• 然后再提出推动步骤前进的询问，促进问题解决。

在不理解问题点及其原因时就贸然采取行动，效果往往很差。例如“顾客流失”的本质原因如果是产品规格与核心目标群体的需求不一致，那么仅对促销活动下功夫显然是徒劳。

在进行以问题解决为目的的训练时，有意识地以之后介绍的“各步骤的具体发问视角”来进行询问，能够提高决策质量，加快决策速度。

评论家型与急躁型

与各种类型的商务人士接触后发现，世上的人大致分为“评论家型”和“急躁型”。当然，详细说来仍有许多其他类型，可以有更小的分类，但大致而言这两种类型在商务人士中占据了极大的比例。

评论家型是指对于问题是什么或原因是什么等论题能舌绽莲花，但要他们提出现实的方案或付诸行动就退缩的类型。他们的提案往往过于理想化，不具有实效性，缺乏当事人意识，将问题视作他人的事。最坏的情况是只会批判别人，自己却不采取任何行动。不了解现场且闭目塞听的部门最容易形成这种类型。

与此相对的是急躁型，这是指尚未弄清问题本质时就急忙讨论具体对策的类型。该类型的极端表现还包括直接从论题转入行动。

这一类型大多是根据经验来做事，因此很多时候能够及时地解决问题。当事者意识较强，行动迅速等都算是优点，但一旦经验和直觉出错，就很容易做无用功。之前所说的促销活动就是典型例子，或者假设遇到库存问题时，不顾应当解决流水线产品增加的本询问题（改善生产流程等有效手段），反而针对店铺产品的库存拼命想办法展现各种产品的魅力也属于这类情况。

如何应对这些类型呢？对于评论家型，询问他“那么最后该怎么做？”能有效地促使其意识到行动（且得是有实际效果的行动）的重要性。对于急躁型，比较有效的方法是提出问题，让他回顾问题解决的上层步骤（图表5-3）。

三、各步骤中具体发问的视角

以下介绍在问题解决的各步骤中更为具体的提问例子。通过适当的问题，让对方发现遗漏点和错处，从而促进问题解决的进展。

（一）问题是什么（与问题点、课题认知、目的意识相关的询问）

这是用于确认是否掌握问题和课题是什么的提问。很多时候我们认为某些东西不言自明，于是省略掉了这一步骤，但事实上弄错问题点，或者无法与相关人士共享问题点的情况并不少见。这一阶段仔细确认能避免在之后的步骤中论点出现混乱，并且还能有效避免商业中常见的“手段目的化”（参照图表序 -5）。

这一步骤中重要提问的视角：

• 目的是什么？应有的态度是怎样的状态？（成为问题意识背景的认知共享）

• 对此应当怎么改变现状？对现状的认知是否基于事实？（事实认知的确认）

• 那么问题究竟是什么？（问题的明确化）

回顾案例7，假设对尾崎提问“你认为能改善到什么程度？”也许能有效唤醒其从经营视角来看待问题。也许能让他从经营者的角度去考虑只有大阪和名古屋的数字不达标，期望每个营销负责人平均销售2000万~3000万日元是否合适。

一般而言，问题解决要站在尽可能高的视角去考虑问题。即使对方是年轻员工，难以拥有经营者视角，也要尽可能地引导其提高看待事物的角度，至少让他达到与作为上司的自己同一高度。尤其是近年来要求所有人都具有高度专业知识，容易让人视野变得狭窄，也正因为如此，以更高的角度和广阔的视野去看待事物更是不可或缺。

（二）问题在哪（指出问题点的询问）

我们经常会跳过这一步骤，直接进入查明原因和制定解决对策的阶段，其结果就是导致难以深入挖掘问题，或者大走弯路，执行解决对策时效果不佳。

这一步骤中重要提问的视角：

• 没有其他能找出问题点的切入口和视角吗？（扩大发现问题点的可能性 = 讨论逻辑树的其他切入口）

• 那么问题在哪？（指出问题点）

• 哪里有错？确认过了吗？（确认指出问题点的依据）

以案例7为例：

“是否还有其他分析的切入口？比如不同的顾客分区，不同的业界？”

“能更为详细地指出问题点吗？”

“你认为销售负责人的积极性差别不大，这是否是你的偏见呢？纵观整体时，你真能这么保证吗？”

以上一系列询问都能有效推进问题解决（图表5-5）。

图表 5-5 从别的切入口指出问题点

○没问题的要素 ●有问题的要素

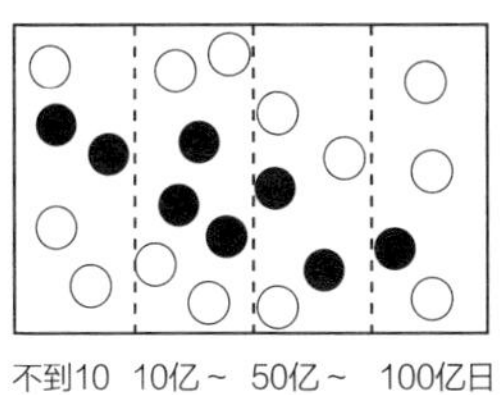

敏感度不佳的切入口（例）
从顾客规模切入

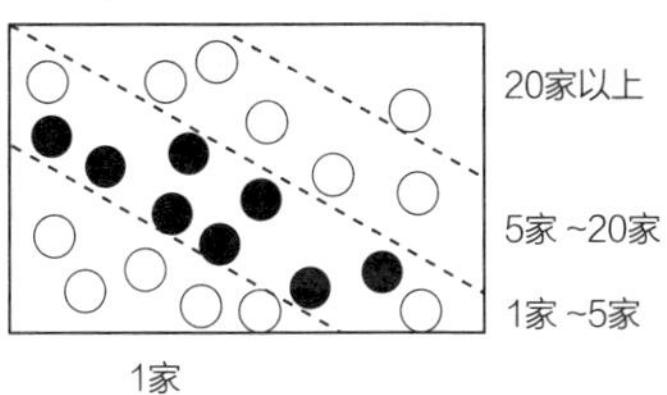

敏感度较好的切入口（例）
从顾客的销售点数量切入

（三）为什么会这样（解明引发问题原因的询问）

即使明确了问题，如果不能找出造成该状况的原因，就不能拿出合适的对策。尤其是在商业场合中，各种因素交杂，只有弄清其机制，看透其本质原因，才能制定针对性的对策。

这一步骤中重要提问的视角：

• 是否遗漏了造成该状况的其他因素？（确认是否搜集了所有因素＝将所有可能的原因呈现在逻辑树上）

• 其中影响最大的因素是什么？（对因素进行研究）

• 有没有更深层的因素？（深入挖掘更为本质的原因）

• 那么应该解决的课题是什么？（明确课题）

案例7中，如果销售负责人的积极性真的都很高，那么可以考虑提出以下询问：

“有没有其他原因？例如单纯的销售时间不够或者销售优先级有问题之类的理由？”

“销售技巧不足是为什么？不会是我们给予的促销支持不够吧？”（图表5-6）。

图表 5-6 排除可能的遗漏

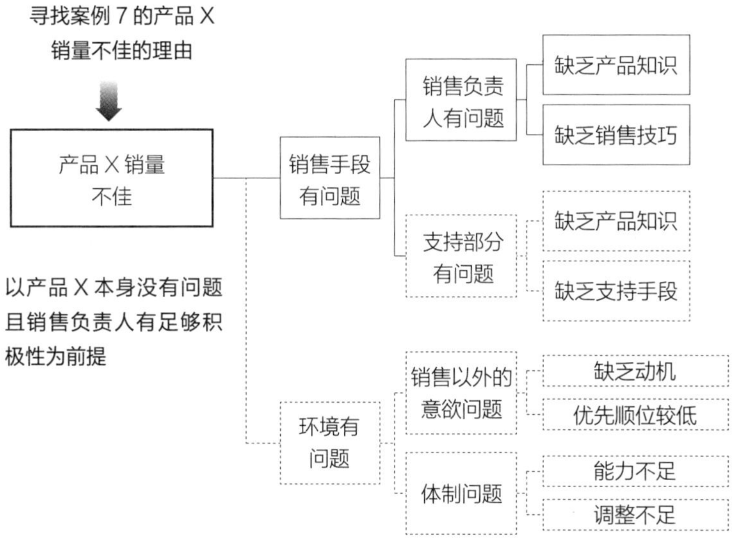

寻找案例 7 的产品 X
销量不佳的理由

产品 X 销量不佳

销售手段有问题
销售负责人有问题
缺乏产品知识
缺乏销售技巧
支持部分有问题
缺乏产品知识
缺乏支持手段

以产品 X 本身没有问题且销售负责人有足够积极性为前提

环境有问题
销售以外的意欲问题
缺乏动机
优先顺位较低
体制问题
能力不足
调整不足

（四）大致应该怎么做（针对解决对策的基本方针的询问）

明确课题后就该进入思考对策的阶段了。我们经常会犯的错误是没能在前几个步骤打好基础，直接开始考虑突然想到的特定对策。为了防止出现这种情况，可以通过询问来确认本人的想法，即使最终得出的结论相同，但通过这种确认也能进一步检查解决对策的妥当性和接受度。

这一步骤中重要提问的视角：

• 为什么要这么做？（确认之前的步骤）

• 是否还有其他选项？（确认是否网罗了尽可能多的选项）

• 该解决对策与其他解决对策相比的优势和劣势是什么？（确认评价的客观性）

• 以怎样的基准选择该选项？（确认判断基准的妥当性和优先顺位的权重）

• 能考虑到的风险是什么？如何应对？（确认风险评估及对策）

假设案例7中提高销售技巧已找到合适的方向，那么可以提出以下询问：

“还有其他对策吗？为什么选择这个对策？”

“风险与投入不会有问题吗？”

此外，“还有其他想法吗？”这一询问对于刺激创造性灵感非常有效。人类在得到某种程度的灵感后往往会停止思考，轻易得到的想法一般不具备竞争力，因此当上司认为“有点普通”时，要试着再问一句“还有其他想法吗？”

顺带一提，某风险企业会给提出4个有趣创意的人一定奖励，据说是因为到第3个创意基本都是大多数人能想到的平凡想法，这虽然也耗费了不少精力，但只有进一步思考所得出的第4个创意才是更新颖的、一般人难以想到的创意。

（五）具体应该怎么做（确认解决对策执行条件的询问）

有的人会忘记这个步骤，但具体思考“如何执行解决对策”也是非常重要的。推动者、期限、里程碑等问题的不明确有可能阻碍执行的前进脚步，为了避免这一状况，可以提出以下询问。

这一步骤中重要提问的视角：

• 谁负责推进解决对策？（明确承诺与责任的归属）

• 什么时候？（时期 · 期限）怎么去做？（确认执行的具体内容）

• 如何调配资源？（确认资源方面的可实现性）

• 如何监测执行结果？（确认对执行流程以及成果的评价方法）

在案例7中：

“尾崎君要承担怎样的责任？”

“怎么考虑日程和阶段？”

可以通过以上询问来明确原本模糊的项目，确认能使措施有效地发挥其功能。

在现实情况下，可能很难有充足的视角去细致地完成这5个步骤，但为了防止出现重大遗漏或思考漏洞，还是希望各位尽可能地过一遍所有步骤的流程。

此外，这些询问不仅可用于训练，在自己面对问题解决时也可以作为确认单来使用（图表5-7）。

图表 5-7 各步骤具体提问的视角

问题解决的步骤	具体提问的例子
问题是什么	目的是什么？应有的状态是什么状态 现状如何？对现状的认知是否基于事实 最终问题是什么
问题在哪	没有其他能找出问题点的切入口和视角吗 那么问题在哪 哪里有错？确认过了吗
为什么会这样	是否遗漏了造成该状况的其他因素 其中影响最大的因素是什么 有没有更深层的因素 那么应该解决的课题是什么
大致应该怎么做	为什么要这么做 是否还有其他选项 该解决对策与其他解决对策相比的优势和劣势是什么 以怎样的基准选择该选项 能考虑到的风险是什么？如何应对
具体应该怎么做	谁负责推进解决对策 什么时候（时期·期限）、怎么去做 如何调配资源 如何监测执行结果

使决策更加正确的询问

接着来看能使决策更加正确（提高主张的说服力）的询问。它的要点在于首先从金字塔结构的观点来理解对方的主张结构，在此基础上针对其逻辑发展不合理的部分、切入点太浅的部分、事实与前提不符的部分等提出询问，以此提高对方主张的等级，或者当出现悖论时促使其重新思考。这在提高自我逻辑思维能力的同时，还能学会瞬间在大脑中描绘出对方主张结构的能力。这也是我们继续掌握的批判性思维能力。

针对对方的逻辑结构提出的典型询问模式如下。

- 对于未明确结论的询问，促使其得出结论。
- 主张已明确，但其依据不易理解，缺乏说服力时，或者对所使用的信息和前提条件的妥当性和可信赖度存疑时，要让对方注意到这一点。
- 扩大应当思考的视角和选项。
- 促使其进行具体的思考。

图表化之后如图表5-8，以下我们依次来说明。

一、还未明确结论时，促使导出结论的询问

在英语中常用的说法是“so what”，类似“那么又怎样”“你究竟想

说什么”“那么你想怎么做”。

这种询问最有效的应用状况是让只会罗列事实但没有自我主张的人明确地提出自己的主张。在商学课程中也将其称作“明确定位”，但日本人往往讨厌明确的定位，倾向于较为暧昧的态度，即“不知道该说是还是否”的类型。这种思维的停滞从长远来看会降低决策能力，减缓商业速度。

另外，在某些情况下，与其急着导出结论，不如促使其虚心观察事实。例如在讨论进入某个完全陌生的商业领域时或者录用某个无参考资料（参考信息）的人才时，往往很难进行判断，但可以在一些“适当”的场合中提问，以此得出“自己个人的结论”。

还有在日语中，“那么又怎样”“然后呢”“所以呢”等问话方式容易带有挑衅的语气，所以要注意换成更为柔和的方式，例如“那么○○君你究竟想做什么呢？”

图表 5-8 强化对方的逻辑结构

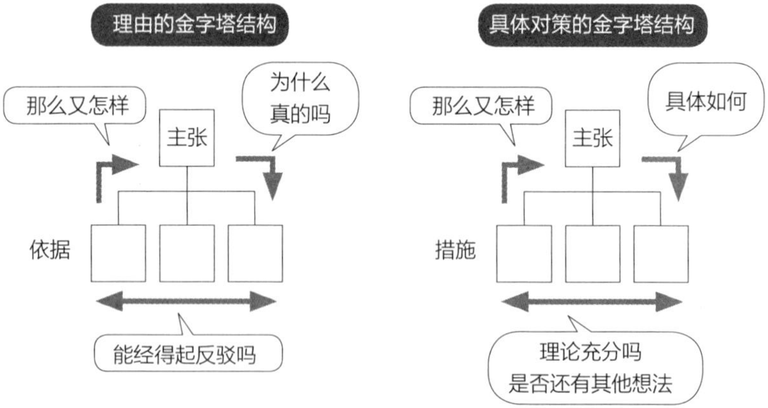

二、究其依据的询问

这是对于某个主张，确认对方为什么这么说，其依据是什么及其事实和数据的询问。英语中的说法是“why”或者“true”也是对于对方的主张最为根本性的询问。这种询问能有效应用的场景包括支持深层研究及其主张的事实不够充分，促使对方对突如其来的灵感进行更为深入的思考的情况。

实际上，提问“为什么”或者“真的吗”后，不少人都会思绪混乱，不懂“你究竟想问哪个部分”，最后只能拿出依据薄弱的信息。极端情况下，甚至连最初的“为什么”都回答不上来，只能闪烁其词，这当然没办法说服他人。因此要实现具有说服力的主张，这两个询问是非常重要的。

事实是什么

判断是否是有依据的事实，实际上并不容易。

最简明易懂的事实是数据。虽然要得到正确数据有一定难度，但数字本身是一目了然的，任何人都能明白，因此是最具说服力的事实依据。但即使数字是正确的，也并不一定是充分的依据。代表性的例子就是数据的古老数字。如果调查时间是8年前的话，即使是值得信赖的官方数据也不能作为当前决策的依据。

现场亲眼所见的东西也是有效的事实依据。例如到店的顾客群体或现场的3S（整理、整顿、清扫）状况等都是“百闻不如一见”（不过这虽然对决策有效，但需要费工夫传达，比如可能需要展示照片等）。

与客观数据相反，某些人的主张也可以视作有用的依据，例如了解业界的关键人物的评价，尤其是最近的评价。商业中经常需要通过预测将来来进行决策，但当时不可能有未来的数字和数据。换言之，现有的数字全是过去的事实，与未来相关的数字只能靠预测。

而可作为依据的预测数字和情报大多都只存在于有识之士与专家脑中，他们对于未来状况的描述往往比客观数据更为正确。搜集多个关键人物的评价并找出共通意见，就能进一步提高可信度。

不少初学者错以为依据只能是客观数据。仅凭客观数据就能提出创新的优秀主张自然不错，但普通的客观数据往往只能得出普通的主张（当然，彻底挖掘事实，构筑逻辑理论也有其自身的价值）。要创造出能在竞争中领先一步的创新提案，加入“可作为依据的主观理论”也是商业中的重要一环。

三、拓展应当考虑的视角和选项的询问

这种询问的目的是弄清是否还有其他应当考虑的要点。例如“能经得起反驳吗”或者“依据足够充分吗”“还有其他想法吗”。尤其是“还

有其他想法吗”这一询问，其要点与问题解决中的询问是共通的。

其中，“能经得起反驳吗”是能提高主张说服力的询问。因为当需要深入思考某个创意并提高其可信度时，我们往往会疏忽风险和副作用等负面问题。

以批判性思维的基本立场回顾时，本应该弄清最初考虑这种要素是为了支持怎样的主张，但往往会有所遗漏。这时，促使其思考反对派可能提出的主张及其依据（例如风险太高，执行困难），就能帮助其得出更具说服力的结论。

“依据足够充分吗”与“还有其他想法吗”的询问则是针对具体的方法论，防止疏漏并寻求进步。

“依据足够充分吗”这个询问对于注意 MECE 和框架十分有效。比如假设是市场营销相关提案，那么对于检讨市场营销组合（针对市场的方法组合）的4P 是否有大的遗漏非常有效（图表5-9）。

图表 5-9 无遗漏

重新审视某健康食品的市场营销战略的案例

审视营销战略
增加吸引力

将产品包装变得更引人注目
让店铺广告更吸引眼球
对核心价格带进行实际的降价
实施附送特典的宣传活动
加倍提供符合顾客喜好的产品
口口相传、社会媒体等曝光媒介的多样化

以“市场营销的4P”的框架提出整理的问题，让人注意到流通渠道的对策有所不足

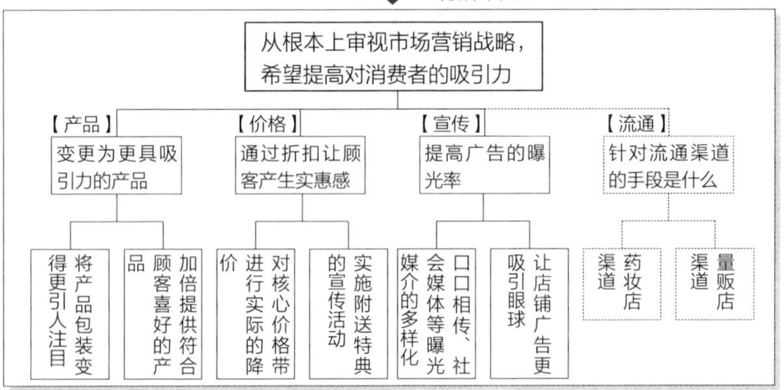

四、促进具体思考的询问

这种询问的目的是使对方具体地思考“再出问题的话必须做什么”“用更具体的话应该怎么描述”等。

商学常用词汇中有“big word”这一说法，指听起来不错，但实际等于什么都没说的话。例如“重建渠道”“打好基础”“开发划时代的新商品”等。听起来似乎都像那么回事，但并无实际内容。有的人也将“big word”称为“思维停止用语”，用于提醒自己。

比如当部下表示“为了将来应该打好基础”时，我们应当反问：“我当然不反对打好基础，无论在任何时代，为将来打好基础都是理所当然的事。但你能否具体阐述如何打好基础，究竟应该怎么做？”

通过具体的思考，便于确认实施策略的统一性，也不容易在向他人传达时变成“传话机器”。因此在感到对方犯了“big word”的毛病时，要提出疑问，使其有具体化的思考。

案例8

某一天，第2小组的组长持田健太郎来找佐野科长。佐野见他一脸严肃，担心地问道：

“持田君，怎么了？遇到什么困难了吗？”

“科长，我想请你将我的部下藤原调到别的小组去。”

“这可不是小事，你为什么会有这种念头？”

“他和我的性格不合，我无论说什么他都会反驳。反正他好像讨厌我，再这样下去我没办法和他相处。”

“理由仅仅是这样？”

“对我本身也有影响。坦白说，和他交流花费了大量时间，导致工作停滞，所以即使是为了自己我也不希望和他共事。”

“嗯……”

“并且听说他也表示比起本小组的商品线，对第1小组的商品线更有兴趣。他和尾崎君又是大学同学，如果尾崎君不介意的话不如调到他的小组。我们组虽然会出现人员缺口，但我认为反而会提高整科的生产性。当然，如果能为本小组补充其他人员的话就再好不过了。”

佐野思索着该如何与持田交流。

五、案例分析

将持田的逻辑展开以金字塔结构展示的话，如图表5-10。

看似逻辑通顺，但从上司佐野的角度而言，却很难立刻答应下来。那么应该通过怎样的交流来让持田三思呢？

当然，佐野可以不容分说地表示拒绝：“这不行，因为……”但从训练的角度考虑，可以试着提出问题，让持田重新考虑。

这次由于主张十分明确，所以可以利用前述的4个询问模式中的“究其依据的询问、拓展应当考虑的视角和选项的询问”给予本人提醒。

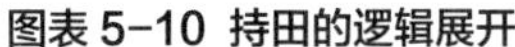

图表 5-10 持田的逻辑展开

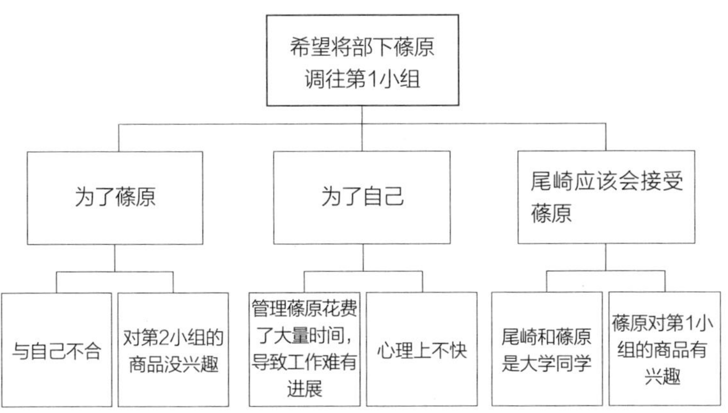

首先要注意的是依据是否可靠。比如第1组的组长尾崎是否真的会接受篠原，现阶段还不得而知。持田本身就只从自己的视角出发，并未考虑尾崎和整科以及公司的情况，那么可以对他提出以下询问：

“你认为尾崎君听到这个提案会怎么想？你不觉得他也可能会有难处吗？”

“……”（让他考虑尾崎的状况）

“如果真的调动篠原君，你认为其他科的员工会怎么看？”

“……”（让他从整体的角度去考虑）

“你认为为什么我会将藤原君分配到第2小组？”

“……”（让他考虑佐野科长和公司的意图）

由于印象信息与自我观念较多，所以需要确认他所说的是否是事实，可以提出以下询问：

“藤原君是否真对第1小组的商品有兴趣？”

“你的工作被藤原君影响是事实吗？”

“即使尾崎君和藤原君是大学同学，但也不一定合得来吧？”

“……”（让他思考如何区分事实与推测）

这里有效的方法是问对方：“是否经得起反驳？”“还有其他想法吗？”具体可以提出以下问题：

“要调动藤原君并不难，但你考虑过其中的风险和坏处吗？”

“你不觉得这会降低别人对你的评价吗？”

“如果藤原君和尾崎君也不合的话该怎么办？”

“……”（让他意识到有反对意见）

“除了调动藤原君之外就没有其他办法了吗？”

“没有能和藤原君和睦相处的方法吗？你为什么不尝试一下呢？”

“你不觉得这是提高你管理能力的机会吗？”

“……”（并不是要他立刻拿出解决方法，而是让他意识到还有各

种手段可能实现双赢）

在这一阶段要强调哪一点和按照什么顺序传达，都有各种不同的选择。总之询问的目的是让得出狭窄且短视结论的人从更为广阔的视角去思考更为现实的、更没有风险的方法论，从而纠正其主张（核心信息），补充依据的不足之处。

对询问的方法下功夫

第2章所介绍的交流组合中提到过语调的重要性，而以训练为目的的询问除了培养对方之外，另一个重要目的是得到对方的共鸣与信任，因此选择符合这一目的的语调是不可或缺的一环。

这里先来看一个反面教材。

案例 9

新日本化学工业总公司的销售部促销科，由于佐野科长被调任到美国子公司负责市场营销，所以由木村和夫接替他担任科长。新科长木村是著名的销售能手，从名古屋销售点调到促销科。

木村上任后不久就将第3小组的组长铃木三郎叫到了自己的办公室，

开始对铃木所负责的公司产品展览会（每年7月开办，由全国销售点招待业内人士，介绍新产品）进行提问。

木村：“铃木君，我们公司产品展览会今年准备得怎么样了？”

铃木：“今年的会场和去年一样，预定也和往年一样7月中旬开办。”

木村：“我问的不是这个。去年的回顾工作做过了吧？我想知道在去年的内容基础上，今年你打算怎么做。”

铃木：“抱歉，其实去年的展览会是科长让我从企划阶段就参与创意，给了我挑战的机会，我自己也下了不少功夫。可惜虽然吸引了不少客户前来，但产品似乎没能吸引顾客，导致未达到预期的成果。老实说今年我也很头疼，不知该怎么做……”

木村不耐烦地打断了他的话。

木村：“你就没有什么点子吗？没做过小组讨论？”

铃木：“我问过大家的意见，不过考虑到预算，现在还没发现有什么好的想法……”

木村：“真是靠不住，就连一个稍微好一点的想法都没有？”

铃木：“……”

铃木陷入了沉默，这时木村又改变了话题。

木村："那么你认为你失败的原因是什么？思考这个问题才是最重要的事。"

铃木："这个……可能还是由于我的演讲技巧不足，难以很好地宣传产品。"

木村："意思是你的说明有问题？"

铃木："抱歉，大概是因为第一次在那么多人面前说话，太过紧张了吧。我原本就笨嘴拙舌的，虽然事先练习过，但内容中的关键部分有一些理解不够充分，导致说明也很混乱……"

木村见铃木过于惶恐，于是略微放缓了语气。

木村："其实你的说明虽然不够流畅，但该讲的内容都讲到了，也表现出了自身的热情。你不觉得还有其他原因吗？比如将想推荐的商品介绍给了本来对此毫无兴趣的客户之类的。"

铃木："也有可能……"

木村："希望你调查一下这方面。"

铃木："明白了，我会去做的。"

木村："那就拜托了。接下来2周我会去海外出差，希望回来的时候你已经做好调查并制定好对策了。"

铃木似乎还想说点什么，但欲言又止。

木村："怎么了，你好像没什么信心啊。我相信你可以拿出更好的计划，加油吧。"

铃木："明白，我会加油的。"

要通过询问达成交流目的有各种各样的技巧，首先希望各位掌握以下3个要点（图表5-11）。这时需要配合目的对语调（用词和说话方式）下功夫。

- 简明易懂地询问。
- 便于思考和回答。
- 敞开心扉，制造共鸣。

一、简明易懂地询问

首先，为了让回答者和听众正确理解"在问什么"，需要明确询问内容。如果不能理解问题本身或者误解了问题，那么其意义（问的是什么）、含义（为什么要问这个）、方向性（讨论该如何发展）的某一项就可能无法传达。因此如以下所示，注意让询问更加"明确、简明易懂"是非常重要的。

（一）明确问的是什么

这主要需要注意2个要点。

1.具体地询问

在未能共享背景的情况下贸然问“之前的事怎么样了”，对方可能会一头雾水，往往只能含糊地回答“没问题了”。因此要利用5W1H来让询问更为具体化。

图表 5-11 优秀询问的要点

询问的意思要简明易懂	询问所表现的意思要明确（更为具体地区别意见与询问） 明确为什么要提出这个问题 明确提出问题后话题应当如何展开（询问的方向性） 诱导对方，使其明白该怎么思考 （明确化 / 根据 / 列出选项 / 具体化）
便于想出答案	区别使用开放性问题和封闭性问题 以针对性的询问来明确论点，同时深入挖掘 通过假设扩大想象力
敞开心扉	不表现出“询问 = 反对 · 责难”的态度 表现出强烈的求证意欲 将对方的思维往积极的方向引导 让对方意识到共通点，忽略不同 引导出对方的疑问、不安和担忧

2. 区分意见与询问

说明询问的背景并不是坏事，但如果该说明过长，就会让人不清楚究竟是陈述意见还是在提问。有的人喜欢在“我做过○○……”等漫长说明之后再问“你们认为如何？”这显然更像是在寻求意见，会让回答者和听众感到混乱。

（二）让提问的意图更容易理解

当对方理解了询问的内容并做出回答，但答案却不符合期待时，可能是由于未能理解提问者的意图。

例如“对于某个问题，希望实行 A 方案”，提问“为什么选择 A 方案”时，可能会有以下各种意图。

“因为不了解为什么会提出这个方案，不理解问题意识，所以想要弄清这一点。”

“想确认对问题的认识以及如何实施解决对策。”

“因为有其他选项，所以想知道为什么选择 A 方案，确认判断基准。”

但仅靠“为什么选择 A 方案”这个提问很难让回答者准确了解询问者的意图。为了帮助理解，最好能提示对方一些前置信息，尤其是要让对方知道作为询问者的自己理解了什么，想要达成什么共识，因此最后简洁地表示自己想听哪部分的内容。

例如“我并不是想反驳你的结论，但我想知道为什么还有其他解决对策，你却选择了 A 方案？请详细说明理由”这类问话方式。

（三）明确询问的方向性

很少人能在注意逻辑的金字塔结构的基础上进行提问，所以导致询问内容散漫，只能得到不得要领的回答，使对话毫无章法。例如明明是因为对方的说明太过复杂，不知道他想要表达什么，于是想弄清结论，于是表示“请更简明易懂地说明一下”，但对方却认为这是说明不够，于是反而继续更复杂的说明。

人们各不相同，既有“将自己所做的东西全盘说明”的类型，也有“只简单介绍结论和依据”的类型。

喜欢详细说的人会以具体的感觉为基础来介绍状况，仔细说明各种背景和理由，这虽然便于了解细节，但往往会导致结论和论点不明确。而喜欢简单介绍结论和依据的人虽然对于“想表达什么”非常明确，但大多会将具体状况和背景等视作理所当然的事，认为不需要特别说明，结果就是导致对方难以理解。

如果对方偏向于省略对具体状况和背景的说明，那么提问时要让对方注意到共享这些内容的重要性，比如询问：“可能你觉得这种前提是理所当然的，但实际上有多少人会知道这个前提呢？”

（四）诱导思维

人在受到询问时，往往会按照“依据”来解释询问并说明详情。但说话人大多认为自己已经表现出了明确的主张，或者脑中不存在其他论点，所以在受到询问时，思维很难立刻转换过来，因此提问者在发出询问之际也要诱导回答者的思维。

例如可以参考以下的问话方式。

明确询问（所以呢）：

“你的结论就是让○○去做○○对吧？”

“详情我已经了解了，简而言之就是○○对吧？”

“总之结论就是A或B中的一个吧？”

“那么你想要提出的计划是什么？”

究其根据（为什么）：

“结论我已经明白了，但你为什么会做出这种判断呢？”

“那是基于什么调查得出的结论？”

“你指出了‘联络不彻底’的问题，但实际上引发了什么情况，是否严重呢？”

扩展应当考虑的视角与选项：

“我已经理解了这个提案的必要性，但从实现的可能性角度来看又如何呢？”

“A 固然是原因，但我认为 B 也是原因之一，你觉得如何？”

“在做判断时，除了 A、B 之外没有其他应当考虑的点了吗？”

“我已经知道有3个方案了，还有其他替代方案吗？”

让对方具体地思考：

“方向性我已经明白了，那么具体该如何实行呢？”

“○○这个词很难让人产生具体的联想，你认为换个怎样的说法会更好呢？”

二、便于思考和回答

简明易懂的询问能便于回答，如果要进一步刺激回答者的思考，引导出更具有广度和深度的答案，就要注意以下几点：

（一）以封闭型问题挖掘出应当思考的所有事项，以开放型问题拓展思维空间

由于封闭型问题只能回答是或否，所以能引导出明确的答案，但同时也由于回答的自由度太小，很容易给对方难以继续下去的感觉。

而开放型问题则能自由地表述各种答案，容易拓展思维空间，但往往难以针对论点，也容易让人觉得“不知该怎么回答”。因此需要结合两者来提出询问。可以参考以下流程。

“与对方的交涉进展顺利吗？”（封闭型）

“是的，基本上进展顺利。”

“说‘基本上’的意思是还是有不顺的地方吧？哪个部分遇到了困难？”（开放型）

“条件方面都达成了共识，但由于对方要由公司裁决，所以合同时间可能会推迟一周。”

“原来如此。那你认为延迟一周对本公司而言是重要的问题吗？”（封闭型）

“我认为越快越好，但也不算是决定性问题。”

“明白了。意思是虽然不是特别重要，但也并非无关紧要。那么要促使对方尽快签合同的话，你有什么办法吗？”（开放型）

（二）通过针对性询问来明确论点，并深入挖掘

过于模糊的询问会让对方思维停滞，只能做出暧昧的回答，因此这一阶段要将询问具体化，通过针对性的提问，便于对方回答，从而深入展开讨论。

比如在讨论是否应当开发配合顾客需求的商品时，“顾客需求的究竟是什么”这个提问就太过笼统，有的人可能会不知该如何回答。这里可以参照以下几个例子。

“顾客会在怎样的情况下使用这个商品？”

"顾客对这个商品的需求条件是什么？请举出3点。"

"顾客决定购买时，最重视的是什么？价格？品质？还是其他东西？"

"竞争公司的商品似乎很畅销，它和我们公司的产品最大的不同是什么？"

"顾客最近有没有什么特别的变化？"

以这样的形式将论点具体化之后，不仅便于对方回答，也是让自己思考遗漏论点的机会。

（三）通过假设拓展思维

越是熟知状况的人越是容易过度考虑背景和条件，而忽视重点和优先顺序，或者受限于原有思维，难以实现思维的拓展。此外，人大多认为"要对自己的发言负责""言语之间有疏漏可能会被要求承担责任"，因此会限制自己的思维。

为了打破这种心理障碍，可以通过假设条件的询问来明确对方的思维，便于引导出创新思维或突破性思维。

以下的询问方式就是典型例子。

"如果可以改变以往的所有做法，你首先想要改变的部分是什么？"

"先不谈实际能否实现，你认为拥有哪种功能比较好？"

“如果消除与竞争商品的价格差，你认为这款商品能畅销吗？”

“如果预算减一半的话，应当按什么顺序来削减工作？”

“如果要你将成本减少到三分之一的话，应该怎么做？如果减少到十分之一呢？”

“如果预算减一半的话，应当按什么顺序来削减工作”将原本模糊的工作优先顺序变成了附带条件，目的是让对方能够明确地思考。

与它相似但目的截然不同的是最后的询问：“如果要你将成本减少到三分之一的话，应该怎么做？如果减少到十分之一呢？”这个询问的意图是让以往的做法重置归零，寻求突破性思维。

不过假设问的是“如果要你将成本减少10%的话，应该怎么做？”那么效果可能会很小，因为10%程度的成本削减可以通过平常的改善来达成，不需要大的突破。而减少到三分之一或十分之一看似给了对方不可能的（仅凭一般改善难以实现的）条件，但能通过重置归零来诱发突破性思维。

三、敞开心扉，制造共鸣

前面说过，人类是感情动物，即使是以训练为目的的询问也会让部下产生各种感情。我们尤其应该注意的点是不要让其有“上司反对我的意见和提案，似乎是在斥责我”的恐惧，或者“根本不打算理解我的想法”的不安。

在进行询问时，要积极表现出自己并无这方面的意图，消除对方的恐惧和不安。这样一来，对方会对你产生“这个人是打算理解我的想法，为了进一步理解才会提问”的信赖感，更容易与你产生共鸣。在彼此还不够了解的情况下提出询问时，尤其应该注意这一点。

（一）不能表现出“询问＝反对、责难”

虽然具体情况因人而异，因企业而异，但不少部下都认为“不提出询问是最好的”，“询问”等于“持有反对意见”，因此表示警惕并且产生过度的自我防卫意识，导致难以坦率地进行意见交流。

此外，部下还很容易误以为“询问＝被斥责”，从而在心理上产生畏惧。上司如果预感到可能出现这种问题，可以在交流中附加以下言辞。

“这是为了正确理解○○君你所说的内容而提出的问题。”

“这不是表示反对，而是为了赞成你的意见而提问。”

“这不是要责备你，只是为了防止今后再发生这种情况而提出问题。”

此外，在说这番话时，重点是要将自己的诚意表现在语调上。

（二）强烈地表现出自己想听的意欲

有些人对自己的意见缺乏信心，或者难以积极地表达自己的意见。这种人大多怀着各种复杂的情绪，例如“我的意见说不说都无足轻重”“我的知识和经验都不够，听者肯定也没什么兴趣”“我的意见可能会有错，不到自己觉得万无一失的时候还是别说为好”等等。

但这些人其实心底依旧怀有“我的意见和情报是有价值的，希望别人听听我的想法，认可我的意见”的根本性需求，因为人类的“认可需求”是十分强烈的。

对于这种人，即使略有夸张也要表现出“我想听”的态度，并且要对问话方式下功夫，便于对方说话。比如以下的问话方式就是十分有效的例子。

“听说你平日在工作现场相当努力，所以想问点东西。”

“也许是我误会了，不过如果错了的话希望你能修正。”

“突如其来的灵感也不错，请多说一些。”

（三）将对方思维往积极的方向引导

有的人所提出的询问本身没问题，但会给对方留下负面影响，或者降低回答者的积极性。这往往是因为询问者将对方的思维往消极方向引导。

例如“为什么会失败”“为什么没能达成目标”等问法会诱导回答

者去思考“失败的原因”“没达成目标的理由”，而这会导致其退缩或产生消极感，很难得到预期效果。

如果要让对方思考失败的原因或妨碍目标达成的因素，采用以下问话方式会更为有效。

“你认为怎么做才能成功？”

“要达成目标，之后必须做什么？”

通过改变说话方式，使对方的思考更为正面，促使其对未来提出建设性意见。

（四）让对方意识到共通点，忽略不同

人在听到某个主张或意见时，有时会产生违和感或抵触感，然后会为了消除这种感觉而提出询问。这本身没有问题，但过度敏感会加深对方与自己的对立情绪。商业的关键在于达成共识，推进工作进展，如果询问反而给对方带来负面情绪影响就本末倒置了。我们必须思考如何才能通过询问找出彼此的共通点。

例如当需要“反对某个措施”时，对目的和手段表示反对的情况并不少见。不过如果尝试以下的问话方式，就能在对目的达成共识和共鸣的基础上对手段进行讨论。

“实行该措施的目的是○○，这是否妥当呢？”

“这一部分我是非常赞同的，但我认为还可以考虑其他措施，你认为如何？”

此外，还有一些看似主题和论点对立，但实际在本质的方向性上相同，能够寻找出妥协点或解决对策的情况，而询问则能有效地引导出这种可能性。

比如对于某个工作，部下认为应当先完成任务B再着手任务A，而你的想法与他相反，这时如果直接要求“先完成A”的话，会打击部下的积极性。人类是寻求解释的动物，即使会遵从不经解释的指令，（在清楚不做不行的基础上）但很难产生积极性。

这时如果先问“为什么要先完成B”，就可能得到与你目的相同的回答，比如“便于技术的横向发展”。那么你就可以继续问“我也有同感，但我认为先完成A会更好，假如先从B开始，你认为怎么做才能进展顺利呢”等，以此让对方发现前提的不同之处，从而可能引导出具有创造性的解决方法。

（五）通过询问引导出对方的疑问、不安和担忧

第3章和第4章介绍过在对顾客提出建议时、寻找与相关人员的共识点时、指导部下时，重点是让对方对谈话内容产生“认同感”。

因此首先要利用询问引出对方的疑问、不安和担忧等，并对此表示共鸣，从而进一步寻找共识点和具体的解决对策。

例如当顾客犹豫要不要购买时，可以提问："您有什么在意的点吗？""我认为您最犹豫的点是这个，对吗？"表示理解对方的不安与担忧，同时进一步问具体内容，以此来让对方产生"这个人是为我着想"的信赖感，从得到的情报中找出确实的解决方案。

四、案例分析

以之前所介绍的各种方法为基础来试着分析案例9。案例9在各种意义上都算是反面教材了，这里按时间序列来举出木村科长提问中的问题点。

"铃木君，我们公司产品展览会今年准备得怎么样了？"

这个询问过于模糊，是典型的难以理解其问话意图的例子，因此铃木给了木村不想听到的答案。可以将问话方式改为："铃木君，本公司产品的下一次展览会计划弄好了吧？我想听听包括去年回顾在内的介绍，现在可以吗？"

"我问的不是这个。去年的回顾工作做过了吧？我想知道是在去年的内容基础上，今年你打算怎么做。"

这个询问虽然具体，也明确了想要问的东西，但同时问两件事会让对方思绪混乱，难以回答。要仔细询问的话，最好将问题分为两个。

（以不耐烦的样子）“你就没有什么点子吗？没做过小组讨论？”

包括态度在内，这整体就是典型的逼问、责难型询问，会让对方畏缩，被迫处于难以回答的立场。并且这也等于直接跳到了行动的步骤，未能按正确的步骤进行询问，因此不可能提高部下的问题解决能力。

这里可以将问话改为：“你认为去年到场人士已经足够多，问题在于吸引力不足对吗？为什么吸引力不足，你了解原因了吗？”

“真是靠不住，就连一个稍微好一点的想法都没有？”

面对无法立刻给出答案的下属，即使重复施压也不可能得到好的回答。如果要促进对方思考，就必须以支持性的态度来提问。

这个案例中，由于对方已经陈述了拿不出方案的理由，那么解除制约可能更便于他思考。例如询问：“如果没有预算上的制约，你能想到什么好办法吗？”

“那么你认为你失败的原因是什么？思考这个问题才是最重要的事。”

回顾过去并不是什么坏事，但这里采用了逼问的语气，应当改善语调，改为以下问话方式更好：“首先想想失败的原因，你认为是什么？你最在意的点在哪里？”

"意思是你的说明有问题？"

询问的方式太模糊，听起来像是要询问"说明有问题的原因"。铃木认为他是在责备自己的演讲技巧，于是顺水推舟地给出了答案。既然木村认为演讲没有问题，那么询问从一开始就应该以引导铃木说出其他原因为目的。

"其实你的说明虽然不够流畅，但该讲的内容都讲到了，也表现出了自身的热情。你不觉得还有其他原因吗？比如将想推荐的商品介绍给了本来对此毫无兴趣的客户之类的。"

这里木村稍微控制了语调，也让铃木意识到了有其他原因，但由于木村直接说出了自己的想法，以封闭型问题的方式提问，限制了部下的思维空间。

如果想要让部下自我思考，就应当以开放型问题的方式提问，例如："你不认为还有其他原因吗？比如可能是将想推荐的商品介绍给了本来对此毫无兴趣的客户之类。此外也许还有其他原因，你认为都有哪些可能？"

另外，在一系列对话之后，铃木表现出欲言又止的样子，很可能还有其他担忧。"我相信你可以做到，加油吧"这种鼓励本身不坏，但该案例中应当观察对方的表情，针对他的担忧表示共鸣，并给予提示。

* * *

在实际的训练场合，大多都有时间限制，难以详细分析对方的发言，只能反射性地回以询问，因此更需要与对方维持良好的关系，在语言的往来之间抓住本质，通过询问来让对方注意到思维漏洞。

训练场合下，上司询问能力的提高能为企业带来莫大的帮助，希望各位注意使用，以此提高个人技巧。

第6章 会议

要点

由于人数较多，会议往往容易变得错综复杂，因此正确理解目的和了解全局状况的重要性不容忽视。

本章按论点设置了7个案例，根据每个案例来介绍问题点。

案例 10

糕点制造商川崎制菓的销售负责人户塚善弘认为公司内会议存在严重问题，有时花大量时间仍得不出结论，或者得出结论却无法执行，于是从数日前开始寻找让会议效率化的对策。

他让担任秘书的蒲原正文买来了名为《会议术》和《建导法》的书，开始研究各种手法，并准备先试着实践“明确并维持该会议的具体论点”这一观点。

在某一天的董事会上，当预定议题结束后，户塚要求发言，并分发准备好的资料。

资料封面所写的议题是“去年发售的新商品无论零售店还是POS（销售点终端）数据都不能拿到该类商品周销售冠军的原因”。

户塚："借用大家一点时间。各位看了资料就明白了，去年的POS周销售额排行榜上，我们所有种类的商品从来没拿过冠军。无论是巧克力、小吃、饼干、糖果还是冰激凌，无一例外。请看手上的资料，根据我调查发现，这种情况十年来还是第一次。出现这种征兆，难道不应该调查一下公司整体的原因吗？"

产品开发负责人藤泽孝平立刻说道："这又没什么大不了的。"

"这个消息我也听说了，可能是因为本公司第2年、第3年的商品也入榜了吧。已经有4种商品进入了主力商品领域，一年有四种成为主力级，我倒是觉得去年的状况相当不错呢。"

统管工场的三岛研一也附和藤泽说道：

"这四种商品的确前景不错，在现场工作的人应该感觉得到。反正又不是推新产品的年份，总销售额不是挺好的吗？现在我们最赚钱的'炸番薯'在刚推出的2007年连POS周销量的TOP3都没进过吧？过了三年之后不也大卖了么。"

负责财务的吉原学则比较赞同户塚的见解。

"嗯，虽然这四款确实已经成了成功商品，不过在业绩上还算不上畅销，而以往每年我们都会有一款大热产品，所以说去年状况不佳也没问题。"

藤泽："区别也只是以往每年有一两款大热商品，去年则是四款中等程度的商品罢了，从总额来看其实并没有什么变化。像2005年的‘焦糖冰激凌’那样第1年热销，第2年就无人问津的产品也不是什么好事吧。”

户塚：“先不谈这四款商品今后如何，我想知道为什么不能拿到第1名。”

这时，社长品川雄大插嘴道：“具体数字如何？户塚。”

户塚：“新发售商品的第1年度销售额方面，去年基本达到了过去十年的平均值。不过每年大卖商品的单价高低以及该商品的推出时期都会影响数字，有时看似达到了标准，但实际并非如此。”

品川：“那为什么特意针对这个案例呢？”

户塚：“因为数字虽然具有不可测的定性，但我认为还是能体现出一些征兆。去年新发售的商品，包括不同的味道和大小在内共有46类，但它们在52周内，五个大类中一次都没拿到销售额冠军，确实令人惊讶。作为市场营销负责人，我认为其中一定有什么原因。这次也是想咨询大家的意见，找出具体缘由。”

品川：“就我个人实际感觉，可能还是因为竞争的激化。与相熟的社长聊天时几乎都在聊这个话题。少子化高龄化、外资、前所未有的不同业种，都在影响糕点业的业界模式。”

三到：“从这个资料来看，表面似乎只有去年状况不佳，但实际要拿冠军并不是容易的事。社长之前也说过，我们在业界只不过居于中位，即使在去年之前，每年也只能拿到几次冠军而已。”

藤泽 :“没错。去年应该就是长久经营会遇到的疲软期吧。”

吉原 :“话是这么说，但 POS 数据获得冠军能给业界造成冲击，我们不应该在发售周多做宣传，创造点好看的数据吗？”

户塚 :“抱歉，各位的看法都有一定道理，但我想问的是大家对于这个案例的评价。既然整年没拿到一次冠军是事实，那一定有什么原因，希望各位对此进行思考。”

藤泽 :“话虽如此，突然让我们看资料一下子也想不出什么东西啊。”

户塚 :“这个我当然知道，其实并不是想要各位给出什么精确意见，就谈谈感觉也可以。”

三岛 :“嗯，但没什么可说的。”

谈话到此就结束了。

户塚留在空无一人的会议室里，一边重看资料一边想着 :明明已经明确的议题，也给出了作为讨论基础的数据化资料，还注意避免了偏离话题，为什么却没能得出想要的意见，反而有种吃了闭门羹的感觉呢？这究竟是这么回事？

解说

如前一章所述，即使是一对一的交流，要准确且适当地向对方传达内容已经不是一件易事。当面对会议这种多对多的说明、询问和反驳时，其复杂度又有飞跃性地提高。

如果不能理解这种复杂的状况，茫然地参加会议，发表无目的的讲话，那么就不可能实现会议的本来目的，即信息共享和做出决策。即使实现了，其质量也相当低。

会议不仅会花费大量商务人士的时间，还会对公司业绩与从业人员积极性、技能产生巨大影响，是以提高企业生产性为目的的集会活动。反过来说，让会议有效发挥其作用，就是制造与竞争对手之间差距的绝佳机会。

大多数商业场合中，决策不由一个人决定，而是多数关键人物共同进行决策。从这个角度来考虑的话，可以说会议质量低下就等于企业竞争力低下。或者说倘若你主持的每次会议都得不到成果，将会降低你在公司内部的评价。

会议当然也有成本问题。参加者花费在会议中的时间都会产生机会成本。如果是销售会议，就意味着夺走了参与该会议的销售负责人的销售时间，因此必须要让会议时间内所产生的利益高于销售时间所得利益，这也是所有会议的目标。

那么要怎样才能使会议具有生产性呢？本章将从批判性思维的观点来回答这个问题。

从俯瞰的视角看待会议运营

首先要做的是将会议整体结构化之后，以俯瞰的视角理解自己所处位置，确认没有漏掉应当进行的步骤。按图表6-1所示的流程来推进会更为有效。如图所示，会议运营大致可分解为三个流程，而后进一步分解到下方的辅助步骤。

流程一的事前准备通常是在一般交流中容易被忽略和遗忘的步骤，但在实现生产性会议时则是不可或缺的。它与第4章所介绍的交涉的不同点在于不仅要搜集信息、结构性地掌握对方的关注点和自己的任务，还要注意统一引导参加者的意识。

图表 6-1 会议的流程

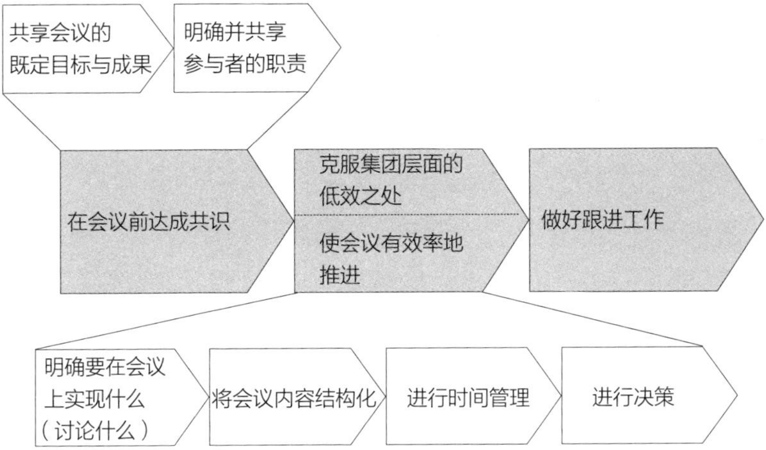

在流程二的执行中，除了运用各种技术性手法以外，我们还要时刻注意论点，重视会议内容的结构化，也就是逻辑的结构化要点。尤其是在以做出决策为目的的会议上，要导出最终结论就必须通过会议构筑能支持最终结论的逻辑（图表6-2）。

此外，流程二的各步骤还要深入理解其他观点，即“克服集团层面的低效之处”这一点。

流程三的跟进则与其他交流活动一样，是容易疏忽的要点。会议是手段而非目的，在会议上决定的事项只有进入执行阶段才有意义，对此不可马虎。

多人共同决策和构筑支持该决策的逻辑，这其实与第5章所介绍的训练有许多共通之处。会议与训练看似不同，但其根本其实都是利用批判性思维的态度和技巧进行正确思考（或者引导别人正确思考）。

图表 6-2 通过会议实现逻辑结构化

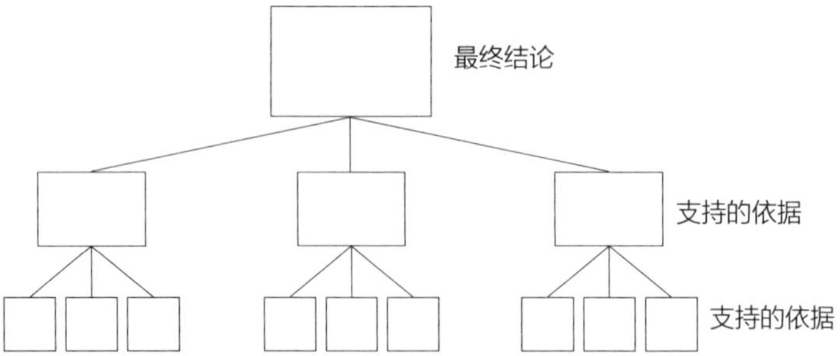

理解会议的特征

在对会议的准备、执行和跟进的各步骤进行讨论之前，先要理解会议的特征。这里为各位列出典型的4个特征。

一、交流渠道呈几何状态的增加

会议的第一特征是交流的复杂度呈几何状态增加。请看图表6-3，随着会议参加者的增加，交流渠道也随之飞跃性地增加。交流渠道的数量也可以视作认知差距的数量。在一对一交流中只存在两人之间的认知差距，只要填平这个差距即可，但会议中的认知差距是同时且多发的，会在瞬间大量产生。

二、经常出现难以控制的状况

渠道的多样化和复杂化，加上交流本身是多对多，所以经常会出现自己预料之外却又不得不参与的交流，从而导致产生难以控制的状况，这也是会议的特征。

比如参会者可能会在与自己无关的部分发生口角，影响会议整体气氛，让其他人思维受限。如何控制散漫的会议走向至今仍是巨大的课题。

图表 6-3 会议参加人数与交流渠道数之间的关系（往复）

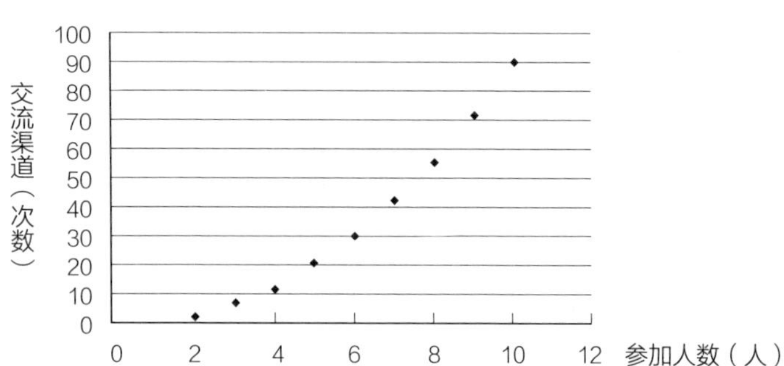

三、形态的灵活性较小

会议的特征还包括受时间和空间的限制较大。随着参加人数的增加，要配合大多数人的时间是件极其困难的事。并且不是每次所选的场地都适合会议，可能任何人都遇到过“今天的会议室太窄”或“没有投影机太不方便”等困境吧。

这就可能造成各种后果，比如会议时间受限导致讨论不足，或者离上一次会议的时间太近导致参与者缺乏热情，或者环境问题导致参加者难以集中精神讨论等。

四、必要的参加者并不一定能保持出席

这也与上述的情况有关。有时参加者会因为突然有其他要事而难以出席，而持续多次的会议只要缺席一次，就会在信息和意识层面上出现差距，导致跟不上会议流程，产生被排斥感，从而可能会降低积极性。

要实现会议的生产性，就必须在理解这些特征的基础上，事先做好准备工作，避免或最小化其带来的负面影响。

步骤1：在会议前达成共识

低效率的会议常见的情况是参加者在没有任何明确目标的前提下参加会议。我们在工作中通常都会被指派任务或给予目标，但会议与工作不同，它更为暧昧。因此改善低效率的状况就能极大提高会议的生产性（图表6-4）。

图表 6-4 步骤 1：在会议前达成共识

共享会议目标和预期成果	• 按照会议种类设定会议目标 决策→质量较高的决策 信息共享→参加者的信息理解 突出想法→提出想法的质与量 意见交换→挖掘必要的事实，让参加者达成共识 实现参加者的思维和意识共享→参加者主体性 报告会→不夸张的形式主义
明确并共享参加者的职责	• 主要职责 设备负责人 文书记录人 主办者 一般参加者

以下将介绍落入典型误区的案例，以此加深思考。

一、共享会议目标和预期成果

即使理解了会议应当讨论的中心话题，但许多场合下的讨论仍然错综复杂，这就是参加者未能共享会议目的（预期成果、会议结束时的目标）的状况。如果不能对预期成果达成共识，那么参加者的行为就会各不一致，这也等于忽视了批判性思维的基础。

比如当参与者以为会议目的是头脑风暴时，突然要他们做决策，也不可能实现意见的统一。反过来说，如果参与者一开始以为会议目的是做决策，那么即使后来知道这只是单纯的提议型会议，也很难拿出像样的点子。

心理准备不足不仅难以实现好的效果，还有可能让参加者产生“根本不想这么做”“被算计了”等情绪，从而对程序的公正性（参照289页的图表）产生怀疑，降低参与意识。怀疑一旦出现，要消除它就是一件难事了。

因此要实现有生产性的会议，要在会议开始之前与参加者共享讨论内容，以及明确该会议打算实现什么。这是企业在制定中长期计划时，从视觉上唤醒员工对理念的认知的生动表现，等同于将达成目标用数值来表示。

二、会议的种类

那么一般而言，我们所期待的会议产出是什么呢？从期待的成果和会议结束后所达成的观点来看，可以分为七种典型类别。当然，会议类型不同，检测会议成果的指标也不同（图表6-5）。

图表 6–5 测定会议成果的指标

会议的种类	测定会议成果的指标
以决策为目的的会议	会议所得出决策的质量
以信息共享为目的的会议	是否共享了与主办者意图相符的正确情报
以集思广益为目的的会议（头脑风暴）	提出的想法的质与量
交换意见的会议	是否针对（下一次的）最终决策，挖掘和共享了各部分的必要事实，使参与者的思维达成共识
以共享参与者的思维和意识为目的的会议	除了考察会议最后得到了怎样的结果，还要看参加者是否共享了会议流程
报告会型会议	听报告的人是否正确认识和理解了应该知道的信息
仪式型会议	是否满足顺利的形式内容（会议进展、应当参加的人确实参加、事先决定的事项得到正式认可）

现实情况下，并不是每次会议都要测定指标，但如果参加者意识到这一点，就能改变他们的发言与行动。例如在会议指南中明示“希望这次的集思广益能得到比〇月〇日的会议更多的创意”，就能让参与者对会议有明确的概念，从而让讨论更加顺畅。

此外，从不同于图表6-5的分类观点来看，还可以将会议分为以下类型。在不同的案例中，告知参与者会议目的与预期成果的重要性也会有微妙的不同。

（一）例行会议 / 非例行会议

对于一般的例行会议，参加者早已了解了会议风格，且成员基本固定，议程大多也能提前知道，因此会议目的共有化的重要性相对较低。

不过习惯了例行会议后，遇到风格不同的会议时（例如在以信息共享与决策为中心的会议上集思广益），参加者很容易陷入迷茫。另外，生产性较低的会议如果常态化，也会出现难以摆脱这一困境的问题。

参加会议的成员也有职位上的不同，某些高职位成员参加的例行会议，如果因紧急日程冲突而休会就太可惜了。他们的日程很难配合，而他们所做的近况报告，以及对未来发展的讨论都能成为磨合经营层观点的机会。

（二）部门内部会议 / 跨部门会议 / 跨公司会议

参加者越是多样，采取对会议目的有共通认识的行动越是重要。越是内部的会议，越容易出现安心之下的“惰性”，因此需要根据状况做适度的收紧。有的企业还会特意在其他部门安排观察员，其目的就是防止这种惰性，使信息透明化，实现人事交流。

三、“决策会议”中决策的质量

“决策会议”中最重视的是决策质量，这一点应该没有异议。问题在于“高质量的决策”究竟是什么。

由于会议其实就是多人的决策，因此要注意高于个人决策的要素，这要从“内容”和“流程”这两个侧面来考虑（图表6-6）。

图表 6-6 会议决策的质量

【内容侧面】 决策本身有效 组织上可实行 决策内容便于全员理解 【流程侧面】 参加者全员在会议上都处于能积极发言的状况 全员认可，并能积极地根据决策而行动的状况

（一）内容侧面

与个人交流时一样，首先要确定内容本身的效果。所谓“效果”，以市场营销战略为例，就是要决定能够在竞争中实现差别化的商品说明书，或者选择能带来最大冲击的广告媒体，或者决定最合适的渠道管理措施等。

第二重要的是要在组织上有实行的可能。无论计划有多么完美，如果不能实行就只是纸上谈兵。要在考虑组织、个人能力和可投入经营资源、设想的相关人士积极性的基础上来保证决策的可实行性。换句话说，以金字塔结构去描述“○○决策是因为……”时，要确保其逻辑展开和依据无矛盾，容易被人接受。

考虑到组织这一要素的话，让决策内容便于理解也具有重要意义。例如决定作为销售战略一环的折扣规则时，如果规则过于复杂，现场人员难以理解，那么就可能出现各自胡乱行动的危险。

（二）流程侧面

在会议上做出的决策，只有能真正实行才有意义。在意识到实行这一点时，尤其应当注意的是相关人士的积极性。换言之，不能单纯从形式上来实行决定事项，要让所有人在认可的基础上积极地根据决策来行动。

要实现这一点，就要创造能让所有参加者在会议上积极发言的状况，让他们具有参与决策的意识。通过让参加者感觉到决策并不是由一个人来决定，而是大家共同决定，以此来创造主人公精神，也就是当事者意识（图表6-7）。

像这样在考虑决策质量时，不仅要关注内容本身，还要顾及所有流程所带来的认可度以及责任感。

图表 6-7 高质量的决策

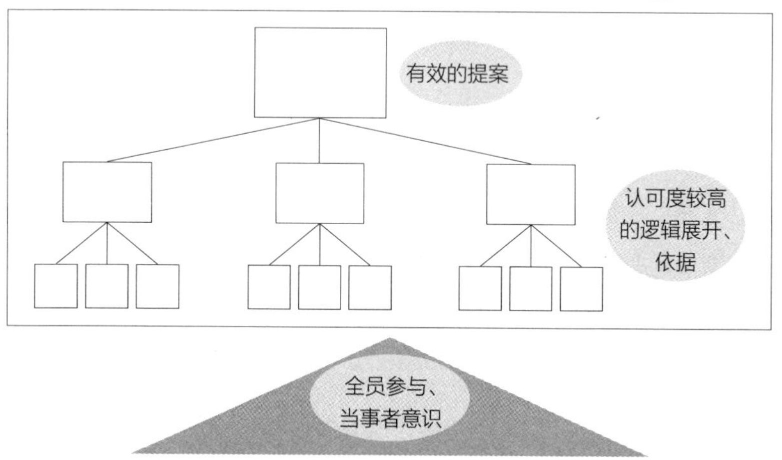

四、事先彻底告知

我们不仅要理解告知会议目的的重要性，更要彻底贯彻它。当意识到主办方的明确目的是在会议上做决策时，人们往往会以此为导向，思考如何将会议变成达成共识和共享信息的场所。通过电子邮件等来进行告知的话，一般情况下十个参加者中有两三个人会误解会议目的，这也是因为他们对会议目的不够关心。

最近的社会已被信息洪流淹没，要从根本上改善这一问题愈加困难，但仍可以给各位几个提示。

（一）给参加者指派任务（事前分配）

通过给参加者出席前的“作业”，能提高其对会议的理解和责任感。这有可能极大提高会议生产性，但自然也会给参加者（以及会议主办者）带来很大的负担。此外，当有人对任务提出异议时，需要调整时间，如果参加人数较多，要给每个人分配合适的任务也是个难题。但若是给所有人分派同样的任务，部分参加者又可能难以完成，或者无法将准备好的东西活用于会议中，反而容易造成不满。

要有效利用事前分配，需要提前关注反对派的意见，拉拢中立派，从而实现有效的任务指派。

（二）由上司到部下，自上而下地进行指导

这是为了实现会议的生产性，从企业整体角度来贯彻工作模式。虽然做起来难，但实现之后效果绝佳，可惜意识到这一点的领导并不多见。希望各位读者能够养成与会议参加者事先共享“会议目标是什么”的习惯，并让他们认识到这种做法的效果。

有的企业还会明文规定“会议方法”，比如让领导者实践“事前告知义务”。

五、当会议有多个目的时

在现实的商业场合中，只有一个目的的会议较少。如之前所述，由于有时间和场所的限制，以信息共享为目的的会议和以决策为目的的会议同时召开也并不罕见。这时要事先告知会议目的就要花以下功夫。

会议目的不可过多：人在一段时间内很难改变心理模式，因此最好不要混杂过多目的。如图表6-5所示的会议种类中，最多选择3类为佳。

明确各议程的目的：例如图表6-8，明确各议题应该讨论什么。

六、信息的共享

之前介绍的重点都放在了参加者的意识层面，实际不同参加者之间的信息差异也是个巨大问题。尤其是在以决策为目的的会议上，这种倾向尤为明显。

第一，如果未得到信息的人数较多，那么利用他们的智慧的机会当然会减少，从而可能导致决策由一部分人来决定。出现这种问题很可能是因为主办者认为“当天的信息共享只需要花几分钟，没必要花功夫事先告知”。

但这就是小看了事先共享信息的目的。事先共享信息的目的不仅是弥补各人之间的信息差异，更是让参与者提前思考会议内容。虽然要实现事先的信息共享的确会花费一些时间来准备资料，但这是能汇集更多人的智慧，提高会议生产性的合理投资。

图表 6-8 议程例子

1）例行部门报告：A 部门（信息共享）
浏览事先分发的资料

2）关于销售部门奖金制度（决策）
浏览事先分发的资料

3）关于与 X 公司的宣传合作（信息共享）
浏览事先分发的资料

4）关于更改积分制度（决策）
不仅要浏览事先分发的资料，还要各自思考更改的方法

第二，未获得信息的参加者很容易降低积极性。各位读者也有过因为不了解情报而缺乏当事者意识，参加会议时只觉得“浪费时间”的遭遇吧？对会议的积极性降低不仅会拉低会议的生产性，还会对决策事项缺乏责任感。要创造“完成大家共同决定的事”的意识，也需要实现事先的信息共享。

第三，有可能让共享度较低的重要事实从决策材料中遗漏。实际上，参加者讨论之前共享的信息的时间要长于未共享的信息。疏于事先的信息共享很容易导致真正重要的信息被遗漏，从而误导决策。

案例10中，户塚突然在会中提出议题，而其他人在心理上没有任何准备，因此讨论不得要领。虽然户塚提出的问题包含了重点，但在该场合中，主题显然过于复杂，难以实现讨论效果。

要让参加者很好地讨论该主题，需要事先分发资料，要求“当天要讨论○○，希望各位先行思考”，做好提前准备。如果担心仅靠自己决定议程会有所偏颇，可以让某个相关人员与自己相互检验，效果将更为显著。

案例 11

户塚吸取了上次的教训，设定了具体议题，并彻底告知了参加者“会议上要做什么”。

然后到了小组内领导会议当天。

户塚：“那么进入下一个议题，关于今年春天导入的销售负责人的‘一对一指导制度’。目的是通过老手带新人来实现销售员的快速培养，目前已经实施了3个月，希望听听各位的反馈。改善方案暂且不提，先请各位谈谈问题点和应该注意的点。”

负责大型批发商的冈崎俊开口道：“决定指导者时划定‘老手’的界限很难啊。仅看年资的话，那种能力不够高的人该怎么办？”

户塚：“这个一开始就说过，任命不要单看年资，以能力为重对吧？”

冈崎：“是吗，抱歉。”

负责便利店的丰川直哉继续发言道：“需要注意的点是成为指导者的人负担太大，大多都会加班。”

户塚："这不是好现象。看来必须减少科长级别的人担任指导者，调整资源分配。"

丰川："确实如此，必须得好好考虑这一点了。"

负责中间渠道的刈谷恒一说道："但是之前与○○君在食堂聊天时，他说'教导别人也能重新学习销售技能，还蛮新鲜的'，看起来很高兴的样子呢。"

户塚："没错，其实这是这个制度的目的之一。各位还有其他看法吗？"

所有人：……

户塚："那么意思是目前开头还不错吧。如果没有特别的问题点的话，就进入下一个议题了。"

户塚认为议题设定和职责期望都得到了解决，会议讨论进展顺利，内心十分欣喜。

但冈崎和丰川却在休息室一边抽烟一边小声嘀咕：

"不知道是不是在练什么会议术，常务最近对话题的控制欲也太强了。"

"是啊，刚才也是自顾自地结束话题，我刚想说点什么，他已经自己得出了结论，这样一来根本没办法说真话嘛。"

"就是。"

七、明确并共享参加者的责任

不明确和不共享参加会议的成员的职责，往往是导致讨论混乱的原因。虽然一般会议中的职责很少共享，但连职责都不明确的则很少见。

只有明确了主持人、记录员、普通参与者、会议主办者、报告对象、观察员等职责，才能打消参会人员的各种怀疑与不满，例如“为什么那个人会在这里”“为什么那个人控制会议”“这个会议的结论由谁来做”等询问。

一旦出现这种询问（或者出现类似疑惑），就容易引发初期问题，因此为了避免这一点，明确参加者的职责具有极其重要的意义。

职责的明确化也与本人的事前准备相关，容易促使责任感的形成。此外，在会议当天，各自集中于自己的职责也能让会议进程更为顺畅。

以下将简单介绍上述职责中较为重要的主持人、记录员、普通参与者和会议主办者。

（一）主持人

会议中职责最重要的是主持人（会议的推进者）。他负责整理讨论流程，让会议结构化推进。一般而言，主持人需要尽可能地贯彻自身职责，不发表自我意见。换句话说，主持人是虽然参与讨论流程，但在讨论缘由和结论时处于中立地位。

以下列举几个作为主持人的具体工作。

• 让参加者随时意识到“现在应该讨论什么”。

• 当讨论偏题时，要将它引导回原本的论点。

• 做好时间管理，配合议题的轻重缓急，使参加者集中于必要的讨论中。

• 让所有参加者都发言，使其对会议有参与感。

• 将被“立场强硬的人”“声音比较大的人”带偏的讨论引导回正途。

• 当场面过于情绪化时，进行降温。

• 提高参加者的集中力，转换会议基调时让参与者暂时休息。

要完成以上职责，主持人需要满足以下条件。

• 控制自己的兴趣和感情，专注于目的。

• 结构性地掌握讨论走向。

• 斟酌参加者的关注点和情绪，并及时应对。

在介绍会议术的书籍中，大多会提到“主持人最好不兼任普通参与者（陈述意见人）”，这是因为主持人的主旨是从中立的角度来控制会议“流程”。上述职责和条件也必须以此为前提。

但这只是理想状态，实际上每次会议都有这种人才是很难实现的。要向不具有决定权的第三人提供足以掌控会议流程的信息，本身就是巨大的工作，因此现实中往往是参与决策的普通参加者兼任主持人。

后文都将默认由兼任主持人来推动讨论（以下都用“兼任”来代表兼任主持人）。

主持人除了上述中立的职责外，还要特别注意以下要点，这也是要求一般参加者需具备的条件。

• 为提高决策质量做最大努力。

此外，担任主持人的人还需要附加以下条件。

• 站在客观的立场来观察自己的行动和事物（具备批判性思维中最重要的要素“元视角”）。

总之，主持人不仅要准确提供自己所知道的信息，还要不发表意见，随时提醒自己努力提高集团性决策质量。除了具备批判性思维之外，还要具备强大的精神力量。

不少企业会选择让会议中的重要人物做主持人，但其实并不一定要让会议中高职位的人担任这一角色。事实上最好相反，尽量不要让接受报告的人或者对决策有强大影响的人兼任主持人。

如果让对决策有强大影响力的人来引导会议流程，会导致参加者难以自由发表意见，积极性降低，感觉自己被诱导向结论。案例11的户塚就是这种类型。

（二）记录员

记录员的职责通常是正确记录会议参加者的发言，事后制作成会议录交还给所有人，是比较不起眼的角色。但如果能有效利用记录员，也能提高会议的生产性。具体而言，就是在白板上做记录，或者将笔记投影到大屏幕上供众人观看，就能针对论点，实现将讨论结构化的目的。

要参加者记得以往的讨论究竟实现了怎样的意见交换，就必须设置记录员。即使是1小时的简短会议，也会有不少人在结束后一头雾水："这件事刚才怎么说来着？""这个案子是不是已经决定了？"

作为记录员要满足以下条件。

- 熟知讨论的背景，轻松地跟上谈话流程（或者不误解谈话内容）。
- 不仅思维要紧跟讨论，还要在注意讨论"结构"的基础上做好笔记（图表6-9）。
- 使用白板时，字迹要漂亮。
- 将电脑制作的笔记投映到大屏幕上时，打字速度要不落后于讨论速度。

此外，记录员所记录的议事簿在会议的最后流程，即跟进阶段将发挥重大作用。从这个意义上来看，记录员能给提高会议生产性和会议后的跟进带来不小的影响，是重要的配角。

图表 6-9 会议记录的例子

关于新事业 Z 的商品销售方案

A 方案	B 方案
优点 • 不用承担风险 • 不需要使用太多新技术 • 不需要追加投资（人力、金钱等） 缺点 / 风险 • 容易被销售代理店 A 公司的意向所左右，无法销售自己想要销售的产品 • 很难吸引合作者	优点 • 不用管代理店的意向，可以按自己喜欢的方式销售想要销售的产品 • 容易吸引合作者 缺点 / 风险 • 有库存风险 • 需要获得新技术 • 需要追加投资（人力、金钱等） • 事业本身的吸引力较低

（三）会议主办者

会议主办者既是该会议的主人，也要对最终结果负责，通常由有一定职位的管理者担任。主办者必须实现以下职责。

另外，主办者虽然不需要亲自完成多个要素（尤其是会议准备和跟进相关），可以将其委任给其他人，但前提条件是必须做出正确的指示。

• 引导会议议程以及会议目的（预期目标）。

• 为了让会议实现生产性，事先向参加者传达并共享必要的信息。

• 分配并告知参加者在会议中的职责。

• 在必要的情况下，事先与主持人商谈，共享会议进展情况。

• 提供能让参加者毫无压力地专注于会议的环境。例如按目的和人数来选择会议室。

• 会议未按预定进行时（例如主要参加者不得不中途离席），与主持人商量得出最好的解决方法。

•（尤其是在决策会议时）要求参加者得出最终结论。

• 通过发放和公开议事录来告知决定事项（在此前一个阶段要根据情况向相关人员确认议事没有错误）。

• 在必要的情况下，进行事后监控，确认并报告是否有很好地执行决定事项。

要完成以上职责，会议主办者需要注意以下要点。

• 时刻意识到准备、实行、跟进的流程，确认没有遗漏。

• 注意自己的发言和行动要比主持人和普通参加者更能提高会议质量。

（四）普通参加者

普通参加者是不用承担之前所介绍的所有职责的人。对他们的期待就是根据会议目的，最大限度地进行建设性的发言。应当注意的是如果事先未分担职责，普通参加者往往会缺乏当事者意识。会议的主角是每个参加者，无论主持人和记录员如何努力，如果普通参加者当事者意识太低，也难以得出成果。

虽然不同主题多少有所差异，但希望每个人都拥有“所承担的责任都会变为本公司和本部门的业绩，以及自身能力的提升”的意识。

八、决定职责

前面介绍的4个职责中，除了会议主办者难以变更之外，其他职责都可以根据熟练度来分配给不同的人担任。在例行会议中，可以采用职责轮流的方式来实现能力开发（事实上，担任主持人和记录员是磨炼批判性思维的绝佳机会）。这不仅能给会议氛围带来变化，还能从新的视角带来不一样的发现。

另外，只单纯地决定并实行职责是难以提高技能的，要对负责的人制定反馈机制，使企业整体结构化。具体而言，就是在重要的会议之后，对本人进行反馈。

步骤2：有效地运营会议

会议的事前准备完成之后就到了实行阶段。这里如图表6-2所示，要注意通过会议的讨论，创造结论及支撑它的逻辑结构。图表6-10展示了其中的要点。

这里主要以决策会议为前提来做讨论，因为决策会议不仅要让参加者有参加意欲，还必须整理他们的观点，是各种会议中最难运营的一类。首先来看案例12，思考问题出在哪里。

图表 6-10 步骤 2：有效地运营会议

步骤	要点
明确要在会议上实现什么（讨论什么）	• 利用白板或电脑等，将提出的意见可视化 • 设置主持人 • 将应该讨论的论点分解为具体的讨论要点 • 会议之前做好充分的事前准备
使会议内容结构化	• 应用金字塔结构的思维方法和原有框架等，确保应该讨论的要点无遗漏（集思广益型的会议不在此列）
做好时间管理	• 控制讨论项目的量 • 控制议题的顺序 • 在会议开头共享会议整体概念 • 从所有参加者的视角来做时间安排 • 设置主持人
做最终的决策	• 从一开始就让所有人意识到难点所在 • 意识到接受度的总和 • 寻找具有创意的妥协点

案例 12

户塚负责全权处理自己所掌管的销售部会议。例行的销售报告后，就轮到了核心议题“如何减少事务疏漏”。户塚在一开始按以下顺序，一边根据资料展示数值一边说明流程。

• 去年错误订单和错误请求等事务疏漏明显比以往增多。

• 这对销售损益造成了影响。

• 调查事务疏漏增多的原因后发现，前年开始需处理商品数量急剧增多，但员工的分配与教育跟不上。

他将这些展示给众人看之后说道：“那么我想问问各位的意见，目前能采取什么具体的措施呢？”

负责大规模零售店的清水徹开口道：

“最近的年轻人是挺散漫的。不仅事务上有疏漏，就连去客户处询问需求都会出问题。最近我部门的小田原君就忘记向公司传达客户方的指定配送时间提前了。”

户塚：“清水君，这个我也知道，不过现在我想问的是该怎么改善。”

清水：“抱歉……这个嘛，是不是可以在新人教育项目中加入更多的事务基本学习？”

冈崎：“现在的新人研究，这部分究竟做得怎么样？”

户塚的秘书兼总务担当的蒲原回答了冈崎的问题：

“对于发票的样式、记录手册等各分区都有老手担任讲师，还会进行角色扮演练习。”

清水：“这根本不够吧。”

丰川：“我对于刚才常务说的处理商品数激增的问题深有感触。作为销售小组，希望商品开发小组能够尽量精简品类，这样才能减少事务疏漏的出现。”

冈崎：“原来如此。我们公司过于考虑产品输出，却疏忽了市场导向的思维对吧。”

丰川：“没错。我之前就对开发方说过，制作这么多特色不明显的种类，店里根本应付不过来，白白耗费精力罢了。”

户塚：“这也许是一个解决方向，但情况如此严重吗？之前就没有对此采取过措施吗？”

刈谷：“以前对于商品开发是采用双重检查制度。不过现在人手不足，已经做不到这一点了。如果要采取措施可以从这里入手。”

清水：“贯彻检查制度吗？似乎也不错。”

蒲原：“但就现实问题而言，恰恰是因为无法贯彻该制度才导致了现在的问题。就现状来说恐怕做不到。”

刈谷：“还没做就说做不到，那还能做什么？事务疏漏导致企业损失目前就是当务之急呀。”

户塚：“好了。总之讨论的结果就是强化研修、缩减种类，贯彻检查对吧？还有其他想法吗？”

冈崎：“说句俗套的话，事务疏漏的数量应该在人事考核的项目中有明确规定吧。”

丰川：“还有工作现场方面，可以学习别的企业增开早会啊，或者将标语用大字悬挂在天花板下之类的吧？”

户塚：“比如说？”

丰川：“嗯？这个也一下子也说不上具体的方法……”

户塚：“那你举例这些，究竟哪个有效呢？”

全员：……

刈谷：“这些都得试试看才知道有没有价值吧。”

冈崎：“是啊，不过对于缩减种类应该采取什么措施呢？”

刈谷：“根据报告来看，是因为发票错误较多所以要求减少商品，的确很令人头疼。”

之后的气氛似乎也提不出什么新意见了，于是户塚只能结束了会议。

户塚：“今天各位都爽快地给出了各种建议，这些建议就作为下次会议的讨论课题之一好了。”

一、为什么无法在会议中共享和明确论点

会议中最容易出现的致命失败是无法共享应当讨论的中心论点，或

者整个会议散漫无重点。如果会议要实现某个目的，那么持续共享论点是不可或缺的条件，否则难以完成生产性的会议。这也是批判性思维基础中的基础。

为什么最初共享的论点无法在会议中持续性地共享呢？典型的理由有以下几种。

（一）论点没能持续可视化

通常会议的议程会在分发资料的第一页写明，但随着会议开始会将资料翻到下一页，一般不会再回头看。这就导致会议本该讨论的论点难以持续可视化，所以从最简单的角度来说，就是要让参与者持续关注论点，使论点一直保持在他们的视野范围内。

（二）被立场强势或主张坚定的人的意见所左右，偏离论点

人往往认为长时间接触的东西、大声或大字表现出来的东西是比较重要的。当他们认为大声主张的东西是重点时，当然就会附和该话题。因此像这样具有强势立场的人参与会议时，尤其得注意让参加者不要偏离论点。

（三）长时间艰涩难懂的发言也会模糊论点

与论点被单方面牵引相反的是，漫长的发言也会让人的集中力降

低，如果内容艰涩难懂，又会进一步模糊论点，导致讨论漫无目的，所以应当避免这种长时间发言。

（四）陷入某个单独的论点后无法从中抽离

陷入某个论点的原因有很多，首先是会议参加者代表了某种利益，而与此直接相关的事项会被更为详细地讨论在某种意义上来说也是极其自然的。

第二则是人都会要求别人认可“自己是优秀的人”。当涉及自己擅长的领域时，人们往往会开始炫耀自己的知识和能力。虽然单独一个人可能并不会花费多少时间，但从会议整体来看，依旧是不可无视的浪费。

第三是单纯的个体讨论更容易，而人往往会倾向于简单的做法。但容许一个单独论题就会带来下一个单独论题，从而很难从中抽离。

（五）讨论的抽象度过高，模糊主题

讨论过于抽象导致模糊论点也是常见的情况。这看似类似单独论题，但本质不同。参加者必须对论点有具体概念，以具体的言论参与讨论，且要具备不陷入单独论题的自制力。

各种各样的原因造成了论点难以持续共享。而会议本身就是结构复杂的多人讨论，很难让个人思维持续停留在中心论点上。

持续关注中心论点需要有强大的意志和意图，否则很容易下意识地

顺从现场氛围。尤其是职位较高的人，一旦偏离论点就很难拉回来了。比如假设社长对自己感兴趣的部分过于详细地介绍，那么结果不言而喻。

案例12中的户塚原本打算在集思广益的基础上找出大致的解决方向，因此本身就有义务让参与者时刻关注中心论点，然而当讨论偏离论点时，他却没有及时引导，连自己也忘记了会议最初的目的。这本该是作为主持人最应当避免的情况之一。

二、持续明确要在会议中讨论并实现什么

以下介绍4种能够避免前述问题的方法给各位作为参考，这种方法中，明确的职责分担具有很大意义。

（一）利用白板、电脑等，将提出的意见可视化

通过将意见可视化，能获得以下好处。

- 让参加者的注意力集中于一点。
- 不用自己做笔记，更能专注于讨论和思考。
- 自己的发言被可视化后，能提高责任感，并且能减少无责任的发言。
- 意见被写在白板上后，意味着这不仅是个人意见，也是全场意见。

（二）设置主持人

通过设置管理会议流程的负责人，避免常见的讨论偏题情况。主持人能够让参加者的注意力集中于论点，保证讨论正常进行。

（三）将应该讨论的论点分解为具体的要点

即使明示了要讨论的内容的大体框架，如果不将其分解为具体要点，也不过是抽象的讨论，难以实现会议生产性。要活用金字塔结构的概念，明确地告知参加者具体应该讨论什么，避免陷入误区。关于这一点，会在之后的辅助步骤中详细阐述。

（四）会议之前做好事前动员

要在短短一两小时内解决复杂的问题，并且要在会议中让一切进展顺利，这本身就是几乎不可能的事。因此要事先对参加者做最低限度的动员，以此来让他们明确会议目的。

这种行为类似于事前商定，但本质上有所不同。

专栏：事前商定

一般用到“事前商定”这个词的时，大多是指共享目的意识或纠正情报差异。具体而言，就是对已经决定好的结论（妥协点）进行说明，在有必要的情况下再加以修正。

事前商定本身不应该被全盘否定，我们也经常会遇到必须这么做的情况，因此需要在理解以下缺点与风险的基础上，尽可能地进行“健全的”事前商定。

- 即使是有机会交换生产性意见的会议也往往会程式化。
- 决策流程的不透明和“已预定”的感觉会让人对决定事项的责任感淡薄。
- 基于同样的理由，还会让人对企业工作的推进方式产生不信任感。

案例 13

户塚在这次的董事会上接受了社长提出的“为开发新事业，各部门选拔出优秀人才参与社长直辖项目”方案。因为是社长直接表态，所以谁也不能反对。户塚作为提案角色，打算在会议中引导客观的讨论。

户塚：“关于之前的社长直辖项目，我和人事部谈过了，今天已经得到了具体的成员人选。候选者资料如各位所见。首先，该项目要求的职责、能力如下……接着来看每个人的资质与预期职责，先来看A君。他能从○○方面进行协助，他的经验是……”

户塚按流程做了说明。期间虽然各负责人偶尔有进行评价，但会议过程中并没有出现异议。

这似乎是由于事先已经与各事业负责人商定了人选，替代人员的安排也早已做好。

对六位候选人介绍完毕后，得到了在场的一致认可。户塚正在内心长舒一口气时，藤泽突然发言了。

“说起来我们商品开发部门有一年开发○○种新商品的期初目标，如果把 C 君挑选过去的话，这个目标是否该重新考虑一下？”

品川：“基本来说不会考虑更改目标。因为不管他们有多优秀，各部门中应该还有许多优秀人才。”

藤泽：“好吧。其实我也只是以防万一，顺口一提罢了。”

吉原：“等一下，你刚才说的期初目标也包括升级管理账目软件吗？我们部门最了解这方面情况的 D 君也被选中了，那这个是否要推迟？”

藤泽：“推迟的话就麻烦了，难道没有其他人能做了吗？”

吉原：“其他人也不是不能做，但不了解相关信息，所以得花不少时间。既然如此的话，能不能选 D 君之外的人进社长项目组？反正是针对新事业，应该还有能力不逊于他的人吧？”

户塚：“刚才你不也同意调走 D 君了吗？”

吉原：“当时我以为软件升级也默认推迟啊。社长，你觉得呢？”

品川：“嗯，软件的版本升级确实应该优先。”

吉原：“既然如此，请重新考虑我部门的人选吧。”

品川：“只能如此了。”

户塚：“……那么下周之前重新报告财务部门的候选人吧。”

三岛："报告就可以了吗？既然提出了新人选，就得重新审议吧？"

户塚："……知道了，那就在下次会议中单独审议财务部门人选吧。"

三、会议内容的结构化

能够持续专注于论点之后，接下来的重点就是使讨论结构化，从而让大多数参加者共享"应该考虑的东西都考虑到了"的安心感。

出现像"不考虑○○可以吗"这样的问题，往往是由于讨论未能实现结构化。讨论的结构化能明确会议中究竟该讨论什么，否则当突然出现问题让整体议题偏离轨道时，就难以让参与者产生"该会议中应当考虑的东西已经万全"的安心感。上述发言也是诱发该隐患的最大原因。

如果最终让参加者认为"遗漏了重点"的话，还会导致一两小时的讨论成果瞬间崩溃，大幅降低人们对于讨论的认可度。

要避免这种状况，就必须利用金字塔结构的思维方式，思考讨论什么才能实现该会议的目的（尤其是决策、共识），尽量不遗漏应该讨论的项目。

假设是对参与新事业做决策的会议，至少应当针对以下3点，即3C进行讨论。

- company：关于本公司的优势与弱点。
- competitor：关于竞争状况。

• customer：关于顾客。

或者当公司内部出现的问题，讨论其解决方案时至少应该针对以下几点。

• what：问题是什么?
• why：为什么会出现这种问题?
• how：如何应对该问题?

像这样明确能够给予参加者接受感的要点是非常重要的。

一般而言，人如果从自己关注的部分或擅长的领域开始思考，往往会陷入其中难以自拔。越是从事高专业性工作的人，这种倾向越明显。当讨论企业内出现的问题如何解决时，该议题的会议负责人大多已经充分理解了 what 和 why，所以希望在会议上得到 how 的相关意见，但多数参加者却并不一定共享了 what 和 why。

在设计会议时，应当回顾批判性思维的基础，注意并实践“要让讨论成立，首先应该思考什么”，在此基础上提前准备好结构化的会议资料（图表6-11）。

图表 6-11 结构化议程的例子

关于 A 公司的股票出售
必要性 • 募集资金的用途 • 本公司股东的期望
给持股人造成的影响 • 与 A 公司今后的关系 • 对员工和银行的影响与解释
对今后股价的预估 / 对时机的评估 • 业界环境 • A 公司的收益性 • 股市的分散率

案例13中的户塚对这部分的意识较为薄弱，他将重点放在了项目成员的选拔上，却忘记考虑被选中的员工调走后各部门的情况，因此难以招架突然出现的反对意见。而这可以通过事先考虑应该决定什么以及应该进行怎样的讨论来避免。

另外，不仅可以将准备资料结构化，就连会议讨论本身也可以通过提前结构化来实现可视化。因为即使会议主办方拥有结构化的概念，也能在会议进展和讨论中保持该概念，但多数参加者都很难做到这一点，因此将结构化的状况可视化也是非常重要的。简单来说，将不可见的东西变为可见，就能带来很大的不同。

在交流中，接受者的接受方式决定一切，而在会议上，参加者的接受方式和反应则决定一切。

但根据不同的会议目的，有时也不能让议程过于框架化。比如集思广益型的会议甚至需要去除思考框架的制约，促进零基础思考才能得到有生产性的结果。因此最初的重要前提就是弄清此次会议的目的究竟是什么。

案例 14

户塚逐渐习惯了事前准备，开始能够高效完成相关工作，因此这次他打算让蒲原担任议长。销售部的会议议题则是“新商品发售一周的反响报告和经济应对事项的决定”。

蒲原：“首先报告各渠道对新商品的反响。”

清水、刈谷、冈崎都按流程正常提交了报告，最后轮到了负责便利店的丰川。

丰川：“坦白说，我负责的部分简直是一场苦战，数据方面也……”

户塚：“客户说了什么？”

丰川：“这个……据说不少企业都表示包装不太好。”

冈崎：“包装的哪里不好？”

丰川：“说是颜色太暗，因为底色是藏蓝色，商品名是黑加银，所以反馈不太好。”

冈崎：“但这就是数据不好的原因吗？”

丰川：“我也对此半信半疑，但这也并不是空穴来风，不少客户都有这种反馈。”

清水：“超市方面倒没有类似反馈，而且藏蓝色加黑色真的不好吗？”

刘谷：“嗯，我在其他企业也看到过类似的颜色搭配啊。”

户塚：“不过如果这真是问题所在的话，我们就得申请制作不同颜色的包装了。”

清水：“我还是难以理解，藏蓝色加黑色和银色不是很醒目吗？会不会还有其他原因？”

冈崎：“是啊，这可是付了大笔设计费的自信之作啊。”

话题又回到了“包装的配色是否真的会对销售产生影响”上来，持续讨论了一段时间后……

蒲原：“啊啊，对不起，已经没时间了。至于今后该怎么做，请各位用邮件与相关人士交换意见吧。”

四、为什么时间管理做得不好

针对论点，将讨论结构化之后，接下来的重点就是时间管理。各位应该都遇到过由于时间不足而不得不将重要计划的讨论延后，或者在极短的时间内强行得出结论的情况。

时间管理不佳的原因有很多，以下列举4个典型理由。

（一）一次会议的讨论事项过多

众所周知，要让人对一个议题产生“充分讨论”的接受感，是需要花费一定时间的。因此要根据过去的经验，事先预估会议时间内能够讨论的事项数量。

（二）由于最初未能共享会议的整体概念，所以参与者对时间不够注意

事先未共享议程导致参加者对会议没有整体概念的情况意外地多。这带来的后果就是在前半部分的议题使用太多时间，以至于不得不压缩后半部分议题，甚至直接跳过。

（三）由于未能共享会议结束的概念，导致参加者的发言与行动过于随意

共享结束概念也与参加者的行为规范有关，结束概念的缺失也会造成行为规范的缺失。

（四）许多人喜欢深入挖掘自己感兴趣的部分，不懂得节省时间

有的人会在会议上失控，开始漫长的演讲。越是细节性的话题，具有专业知识的人所造成的影响力越大，于是其他人也会加入其中，导致旁人难以插嘴，结果就是在并不重要的个别话题中花费了过多的时间。

五、如何做有效的时间管理

案例14中的人普遍陷入了典型的误区，而要避免落入误区的典型手法有以下4种。当然各位还可以根据需要和实际条件，同时使用多种手法，以取得更好的效果。

（一）控制讨论项目的数量

各位冷静思考一下，是否会发现许多不那么重要的项目都是以“顺带”的方式出现在会议中呢？时刻注意是否将议题控制在最低限度是非常重要的，而应该如何减少讨论项目，具体方法如下。

- 对于不太重要的或容易分散讨论重点的项目，利用邮件做决策，或者改为轮流讨论。
- 向下一级的会议（例如董事会议可以向部长会议）委派议题，将项目转给该会议讨论。

后者只要使用得当，能够提高下级人员的当事者意识和决策能力，各位可以试试看。但强行委派项目会给对方造成负担，也有可能降低其积极性，拉低决策质量，因此在向下级委派项目时必须先做好交流。

（二）控制议题的顺序

控制议题的顺序也是有效利用时间的方法之一。基本包括“将重要项目放在前面（但在话题的发展上要注意可能会遭到反驳的论点）”“彼此相关的话题之间尽量做到没有时间空白”等。

越是重要的议题越是容易花费时间，从而可能导致其他项目时间不够（如果不减少项目的数量，这是极有可能的结局），所以请务必在控制议题顺序的基础上来精简讨论项目。

（三）在会议的开头或中途共享会议整体概念（目的、想要实现的东西）

要实现会议参加者的行为规范，就要共享会议的整体概念，并且不仅要在会议开头共享，中途也要确认。共享会议进程这一方法虽然简单但切实有效。

（四）公布时间表

在控制时间的基础上，向所有参加者明示时间表也是一种有效的方法。此外，主持人也可以有意识地发言提醒参加者注意时间。基本来说就是要找出重要项目或可能有反对意见的论题，对此分配更多的时间。

不过实际的会议大多不会完全按事先安排的时间来进行，因此要在最初设置一定程度的缓冲时间，在会议中适度地快进一些项目，以求整体平衡。

另外，时间表只是一个目标，遵守时间表并非目的所在。要谨记批判性思维的基本态度，即“避免将手段目的化”。

除了这些手法之外，还可以通过让参加者意识到机会成本（例如“参加这次会议的各位消耗的会议时间所含的机会成本为○○万日元”）来提高会议的生产性。

当然，最重要的是让整个企业的员工都能深刻认识到不仅在会议上，在所有局面下都适用的“时间就是金钱”。

此外，有效的时间管理还有可能实现除了提高会议产出之外的效果。例如连续开会时，可能会因为最初的会议延长而导致不能参加后续会议（最坏的情况是所有人等一个迟到的人），或者导致不得不中断最佳决策时机，而利用时间管理避免这些情况就能提高企业整体的生产性。

六、做出最终决策

即使能很好地执行在会议上做出的决策，但如何做最终决策也是非常重要的。这在带有交涉倾向的国际协会等会议中也是关键性要点。我们接着来看案例15。

案例 15

这次的会议要对提供给交易方的迷你日历做最终决定。考虑到制作的交付周期，当日必须做决策。现在已经决定了相关制作业者，只需要从 A 方案和 B 方案两者中选定设计方案。

这次的议长是蒲原，参会者有清水、刈谷、冈崎、丰川和户塚。蒲原以为很轻松就能决定，没想到意见分歧较大，直到预定会议时间结束都未达成一致。

蒲原："虽然从各种论点做了讨论，但似乎还是没能达成共识。不过今天必须得有个结论，我打算以少数服从多数的方式来决定，你们认为如何？"

丰川："只能如此了，因为看样子再继续讨论下去也不会有结果。"

清水："同感，只能按多数票决定了。如果是3对3的话，就看户塚君的最后一票。"

冈崎："我倒是想再讨论一下，因为虽然之前说了很多，却没有'讨论彻底'的感觉。"

刈谷："我也有同样想法。如果各位都还有时间的话，不如再讨论20分钟？哪位是有急事的吗？"

谁也没说话。

丰川："我倒是没急事，但我觉得没必要这么做。"

刘谷："为什么？"

丰川："因为我不认为所有人能达成一致意见。"

刘谷："话虽如此，但迷你日历相当重要，即使不能达成全面共识，我认为还是应该尽可能地做彻底的讨论。"

户塚听着大家的发言，陷入了烦恼中：两边的话都有道理，究竟该怎么办呢？我也觉得该再花点时间讨论，但也认同既然讨论不出结果，还不如尽快收尾。

户塚感到所有人的视线都集中到了自己身上，于是思索着该如何整理语言。

七、少数服从多数的问题点

在以决策为目的的会议上，最终必须得出结论。在经过了彻底讨论后，让所有参加者获得某种程度的认可感且达成了共识自然是最好的结果，但多数情况下很难达成一致意见，只能少数服从多数（此外还有一票制等情况，这里暂且不提）。

少数服从多数的决定法被用于各种决策中，也许是习惯了采用这种方式的选举，大多数人对此并不抗拒，但本文仍要指出它的几个问题。各位在将它作为一个方便的方法使用时也需要多加注意，以下介绍3种代表性的注意事项。

（一）不能反映关注和赞同是否强烈

以5人会议为例，对于某个事业的投资项目，当事者 A 与另一位参加者 B 表示极力赞成，而 C、D、E 三人则表示略微反对。如果将赞成和反对的程度用数值来表示的话，A 与 B 为 +10，其他3人为 -3。在一般的少数服从多数情况下，该投资项目会被否决，而极力赞成的 A 与 B 会感到非常沮丧，甚至可能对企业产生极大的不信任感。

（二）难以让人觉得是众人讨论的结果

从结果上来说，容易让人感到对决定事项的参与微弱。各位应该也都听到过参加者表示“我明明已经反对过了”，或者自己就曾说过这样的话吧。

（三）产生“失败者”

少数服从多数必然会产生失败者和胜利者，而这往往会带来对立，给企业内造成无谓的紧张氛围。此外，如果过多地利用少数服从多数来决定项目的话，可能会导致“企业政治”的恶劣影响蔓延开来。

八、提高认可度的要点

那么在理解了少数服从多数的问题点之后，我们应该怎么做呢？从结论而言，应该先进行以达成共识为目的的彻底讨论。只要参加者产生认可感，就能提高决策的实行性。

注意以下要点就能有效引导出具有较高认可度的结论。

（一）提前让所有人意识到难点

越是微妙的议题，随着人数的增加越是难得到所有人的共识。虽然对于会议主办者和主持人来说，全员共识只是一种理想状态，但获得八成认可仍是比较常见的既定目标。

（二）注意认可度的总和

将认可度实际数量化是很难的，但我们的目标是将参加者的认可度最大化。尤其是要注意所有参加者的总和，最大限度地提高对决策影响较大的人的认可度。这也是与第4章的交涉篇中所说的“合计收益最大化”相通的思维方式。

（三）寻找创造性的妥协点

第4章曾介绍过，当争论点（选项所产生的要点）的数量增加时，往往更有机会找出能提高所有参加者认可度的解决方案。以案例15为例，对于迷你日历仅有A方案和B方案两个争论点，所以可以提议自由组合封面与内容（即增加争论点），比如封面使用A方案，内容使用B方案，以此产生妥协方案。而这显然比只能从A方案和B方案中二选一更能增加总体认可度。

专栏：怀疑全员共识

古代犹太人的犹太公会（类似立法兼裁判所的机构）有一个法则是不采用全员共识的结论。这是因为他们认为全员共识很可能遗漏了某个重要事项，或者是受现场“气氛”的影响。

基于上述理由，怀疑全员共识的态度在现代依然通用，但如今支持这种做法还有另一个原因，这就是全员共识的意见往往缺乏创新的锐气。我们通常认为真正具有锐气的意见必然会招来一些人的反对（当然，如果被关键人物强硬反对是不可能被采纳的）。

这里需要重新确认提高会议决策质量这一最初目的，因为提高参加者的认可度虽然是重要因素，却并不是一切，时刻注意最关键的决策质量才是不可或缺的一点。

专栏：程序公正的重要性

越是自己认为重要的事，人越是要求结果的公正性，自然也会关注带来结果的程序。此外，对于程序公正性的认知是“独立”的，也就是无论结果如何，只要能保证过程的公正就能提高认可度。

各位读者是否也有过如下疑问呢？

“先不谈结果，为什么这件事要选择这些成员？”

“结果只是〇〇君为了明哲保身而利用了那次会议吧？”

“为什么这么重要的事不听听销售现场的意见就擅自决定了呢？”

“我不知道这是以什么依据的决策。”

在会议中，尤其是在处理重要项目的会议中，保持程序公正的重要性不言而喻。其中会议人员的选择方法，修正可能性等都是必须得到保证的，各位可参考图表6–12中列出的杰拉德·利文撒尔所提倡的6个程序公正性判断基准。

图表 6–12 程序公正的 6 个判断基准

一贯性 consistency	规则不受人与时间限制，普遍适用
无偏性 bias suppression	避免以自我利益和思想为目的的先入观念
正确 rule of accuracy	正确的情报及以此为基础的判断
修正可能性 rule of correctability	有重新审核的机会，并将其做明文规定
代表性 rule of representativeness	由代表性人选发表多样意见
伦理性 rule of ethicality	不违背基本的道德与伦理

克服集团性的低效率

詹姆斯·斯洛维基在著作《群体的智慧》中提到，多数人的集体讨论比个人的想法更能得出良好结论。这是由于各种观点（对事物的看法和经验）带来的多样性、不受他人影响的独立性、每个人基于专业知识进行思考的分散性等造成的。

但在普通会议中，这种情况却很难轻易实现。比如独立性方面，往往会因为存在多对多的人际关系而彼此影响。当然这也有正面影响，但有时负面影响更大，导致得出错误结论。

以下将介绍多数人集体讨论时容易落入的“陷阱”，并讨论如何对症下药。

案例 16

户塚今天出席大学时代的同窗会，出席者包括他在内共4人，由干事大塚丰担任司仪。

大塚：“今天我想讨论25周年纪念派对的具体内容，由我提出基础方案，各位发表意见。”

大塚一边分发基础方案的资料一边说道。田端淳立刻接过了话头。

田端：“抱歉，我现在还没有什么头绪，我最近工作有点忙……各位就以大塚的基础方案讨论吧。”

目白正人也开口了。

目白：“其实我也没什么想法，不过刚看了一下大塚的资料，感觉完成度非常高，只要微调就行了吧？”

户塚：“我也有同感。大塚真是太细致了，完成度很高，以这为基础做调整应该就可以。”

听到这样的反馈，大塚有些不快。

大塚：“喂喂，各位也多少有点当事者意识吧。这样真的就可以了吗？虽然我确实花了不少时间去做，但并没有考虑太多，这只是个用来讨论的基础方案。比如我打算邀请咨询顾问前田君来担任演讲嘉宾，但他的演讲费可不便宜。此外还有很多待定的选项。”

目白：“话虽如此，但我们都信任大塚你呀。”

大塚的表情严肃起来。

大塚：“不是这个问题。这样一来不就成了我一个人做决定吗？如果各位不认真考虑的话，可能会得出毫无意义的结论哦。”

一、应对“多对多”的复杂状况

一般而言，当以多对多的人际关系为前提时，必须特别留意以下5点。

（一）参加者的立场、职业类型等基本前提不同

常见的情况是由于立场与职业类型等的不同，对词语的定义也不同。有企业外部的人在场时自不用提，即使是企业内部会议，如果有不同部门的人参加，也要格外注意这一点。以“客户满意度”这个词为例，工作现场、销售现场、维护负责人所考虑的顾客满意度几乎都有不同含义。

以下的情况尤其需要重视这些对策。

• 参加者人数较多。

• 跨部门会议等，不同背景人较多。

• 非例行会议，暂时召集人员参加的类似特别委员会的会议。

定义词汇、共享前提虽然是会议能够获得成果的关键要点，但由于很多人都觉得“理所当然”，所以经常被忽略。而这一旦弄错就很难恢复，可能会为此浪费大量时间。为了避免这种情况，事先或者在会议开始时弄清参加者的前提是非常重要的。

（二）立场不同导致对同一事物的看法（解释）不同

一般来说，会议所处理的事物比个人平常所考虑的事物要复杂得多，即使共享了词汇与概念，也可能出现优劣不等的各种解释，因此我们必须明确意识到这一点。先来看以下例子。

某私立学院举办了以建设新校舍为目的的企划设计比赛。参加比赛的 B 公司召开了以各部门成员组成的企划会议，对企划案进行讨论。

“因为最终对企划案做出决定的是以理事长为中心的经营者，所以应该对理事长办公室等部分做豪华设计，直接提高决策者的满意度。”

“我认为既然是学校，那么客户就是学生和他们的父母，所以应该设计提高学生满意度的校舍。”

各种意见频出，讨论得十分热闹。那么该如何归纳结论呢?

在这个案例中，解决的思路是向尽可能多的人提示他们能接受的“判断基准”。会议会出现纷争是由于每个人都有自己的判断基准，并且这些基准不能达成一致。如果能得到判断基准的“最大公约数”，且能有效掌握事实的话，就必然能让讨论集中于一点。

那么怎样才能得到判断基准的“最大公约数”？如之前所述，必须提高每个人的认可度总和。不是毫无头绪地强行表达自己的想法，而是以让对方认可为目的，用心讨论，这样才能尽快明确判断基准。

（三）重要度的大小也因参加者而异

对于自己而言非常重要的项目，也许对其他参加者来说无足轻重。每个人的重视程度当然也反映参与意识的强弱。虽然出现重视程度的差异是不可避免的，但从会议生产性的角度来说，并不希望参与意欲有过大差异。

为了避免这一情况，需要在企业范围内加强“积极参加会议能提高企业价值，也会为各位带来巨大回报”的意识。

（四）成员之间的人际关系会影响讨论

商业本身就处于各种关系中，会议当然也不例外，而参加者之间的争执与好恶自然也会对会议产生影响。

事先了解所有人际关系显然是不可能的，对每个参与者完美关照也难以实现。不过作为会议主办者和主持人可以事先确认会带来坏影响的人际关系，不让讨论过于激化。

（五）偏向于自己所属或所代表的集团

人往往会将自己所属的集团和其他集团视作不同的群体，而偏向于自己所属集团的现象也是出于人类的本性。尤其是成员来自不同部门的会议、参与者是处于对立利害关系的部门的会议，这些要素更容易让会议发展变得困难起来。

这种情况的对策是让参加者作为部门代表或公司代表参加会议，使其明白只有实现整体目标才是最重要的事。

但要改变人的思维绝非一朝一夕，以顶级管理者为首的经营层需要在日常生活中将这一点作为企业文化问题时刻保持关注。

二、集团决策要避免群体思维

根据社会心理学的多种研究发现，集团所做出的决策有时具有更容易被接受的特点，而这主要原因如下。

（一）群体思维

这是指出于集团的压力，在考虑问题时会倾向于思考它是否符合集团利益，从而影响判断能力的状况。比如集团决策很容易走向极端方向，即出现“风险转移”现象。

群体思维在集团凝聚性（让集团成员凝聚于集团中的所有力量的总称）较高且有封闭领导力的条件下最容易出现。此外，高凝聚性集团中往往很少有多样性的意见。

提出群体思维这一概念的艾尔芬·詹尼斯认为组织凝聚力较高的集团有以下8个倾向，最后就会形成群体思维。当然也可能有其他各种原因，各位读者也可以试着想一想。

• 抱有“我们集团没有破绽”的幻想。

• 选择性地接收对自身不利的信息，对其做适当的扭曲，在不知不觉中把它加工成不会对自己不利的信息。

• 关注集团决定非伦理性或反道德性的部分。

• 不能客观看待其他集团，而是保持刻板印象。

• 对持不同意见的同伴提出异议，期待忠实的成员，但这也催生了促使变化出现的压力。

• 将自我怀疑控制到最低程度，出现自发避免违背上层集团理念的倾向。

• 通过多数意见的一致得到表面上的共识，在成员之间产生坚信自己正确的自信。

• 从自己的决定的有效性和道德感中获得满足，面对破坏这种满足感的批评和信息时，产生想要守护该集团的忠诚心。

那么这种集团思维所带来的弊端是否是可控的呢？詹尼斯提出了以下预防措施。

• 集团领导可以鼓励各成员担任批判者的角色。

• 集团的中心人物要尽量控制自己不表现出个人爱好或期待，以公平的姿态鼓励部下探索更多选项。

• 在集团外部设置有其他领导者的讨论和评价小组。

• 在集团到达最终结论之前，各成员与同时对该集团的原案进行讨论，并设置将其反馈给集团的期限。

• 从外部招揽专家，尝试挑战核心成员的见解。

• 在评价集团做的选择时，设置挑战多数意见的“恶人”角色。

• 当存在敌对集团时，设置充分的时间去调查该集团所发出的所有警告信号，事先写好与该敌对集团的意图相关的各种方案。

• 在集团下分设几个下级集团，在司仪的下方设置不同的群体，反复检讨下级集团的意见。

• 初步认可某个最佳方案之后，集团继续讨论第二方案，鼓励成员坦率地表明残留的疑问。

（二）社会性惰性

参加人数越多，个人责任感越淡薄，从而出现惰性现象。案例16中所述的状况就是这一现象。也许当事人自己毫无自觉，但它却是普遍情况。社会性惰性出现的原因如下。

• 由于对课题的压力被分散，成员认为自己需要付出的努力变小。

• 对集团提出某个要求时，每个成员的相关程度会减弱。对一个人提出要求比对集团提出要求更能刺激生理上的兴奋和个人觉醒。

• 由于难以识别个人努力与集团成果的关系，于是被认为努力很难得到正确评价，偷懒也能避免承担责任。

• 自己付出最小的努力也能享受集团成果的恩惠，从而出现搭便车问题。

• 如果是集团作业，就会出现交互作用等与单人作业截然不同的要素，这就导致难以维持注意力。这也是对作业的努力和注意力降低的原因。

要避免这些情况，可以采取以下措施。

• 能够简单地确认各成员的成绩和努力（例如计算发言次数，公开议事录）。

• 给予各成员评价自我贡献度的机会（或者给予标准）。

• 让课题更具吸引力，构筑刺激成员精神觉醒的机制。

• 加强集体凝聚力。

（三）沉默的螺旋

人类恐惧孤立，因此当讨论的发展偏向与自己的意见不同时，往往会害怕提出异议后被孤立，于是保持沉默。越是重视人际关系的人，这种倾向越明显。其结果就是一开始处于优势的意见会加速扩散，超越实际的意见分布速度，成为该会议的共识。这就是研究舆论形成的诺埃尔·诺伊曼所提出的“沉默的螺旋”理论。这里的要点在于无论实际的意见分布如何，最终结论都可能大幅偏离本意。

要避免这种状况，会议主持人可以让参加者多做普通发言，以此减轻沉默的同化压力。

（四）表达过一次意见后就想要产生保持一贯性

在前面我们提到过，人在做过一次承诺后就会下意识地使其正当化，这种在他人面前保持一贯性的倾向也是人类的特性之一。因此不少人会受制于曾经做出的决策，并且要求所有人都认同该决策。

保持或者想要保持一贯性，其本身在商业中并不是绝对的坏事，但随着环境变化而不得不改变方向时，首先应当让所有参加者了解前提条件已经发生了变化，并明示其特定的个人一贯性并不会崩塌。

考虑到以上的人类特性，“三个臭皮匠赛过诸葛亮”通常难以成立，多人费时讨论却得不到期待成果的可能性其实并不小。

这种状况的对策是提出包括会花费大量时间和精力的方案在内的各种方案，在充分考虑项目重要性的基础上，从简单的方案开始尝试。另外还可以将会议得出的结果放置一晚，可能最终会得到截然不同的结果。

了解集团容易落入的陷阱后，希望各位能明白集团思维并不一定能带来好的结果，在理解这一点的基础上参与会议。

步骤3：跟进

我们在准备阶段很容易忘记会议跟进这一步骤，但它对于有效发挥会议决策是不可或缺的一环，这与第2章所介绍的传达是同样的。跟进的具体活动如图表6-13所示。

图表 6-13 步骤 3：跟进

跟进	共享议事录 促使监督决策 对参加者做心理上的安抚

一、共享议事录

通过共享议事录来让决策更为“官方化”。当然，这并不意味着没有议事录就失去了决策的效果，但没有明确的记录可能会导致决策事项被曲解，或者让相关人士对其认知错误，或者带来责任分属不明的问题。明示“是谁决定的”，加深当事者意识，都不能缺少议事录的共享。

此外，议事录不仅要在参与者之间共享，还要在尽可能大的范围内向相关人士公开。这不仅能够提高企业整体的决策透明度，还能提升所有相关人员的当事者意识与责任感。此外，通过广泛的信息共享，还有机会刺激新的灵感，并且在遇到问题时能得到更多人的帮助，为其提供知识与力量。

在某些情况下不但要公开最终的决策，还要向相关人员展示得出该结论的过程，或者从什么依据导出该结论。这能提高所有相关人员的认可度，还能打消其对会议参加者的不信任感。

日本银行推出了定期公开政策决定的讨论过程的机制，其目的不仅是要公开公共机构的情报，还要从中学习过去成功与失败的经验。民间企业很少采用这一做法，但它本身有不少可供参考的部分。

二、促使监督决策

当会议做出决定之后将后续工作丢给负责人，不做监督的情况其实出乎意料的多。用 PDCA 来解释的话，就是只决定了 P，却对之后的 D、C、A 撒手不管，而这不可能成为一个执行力高的强大组织。

其实只要要求重要事项“这个项目要做适当的监督，定期报告进展”，就能提高相关人员的当事者意识，并进一步提高决策的执行性。

三、对参加者做心理上的安抚

当会议参加者之间的讨论激化，或者有参加者对最终决策表明不满（或露出不满的表情）时，需要对其做心理上的安抚。这一责任大多由会议主办者承担，但有时也可以让其他人先行尝试。

总之要保证会议在良好的气氛中结束，最大限度地让参加者对决策产生责任感。

* * *

没有任何活动像会议这样会让商务人士投入大量时间，并且会对公司业绩、员工积极性和技能带来巨大影响，却极难提高其生产性。但反过来说，如果能实现具有生产性的会议，就有可能与竞争对手拉开巨大的差距，可谓是“宝山”了。

希望各位在理解本章解说的基础上，先试着从可能完成的部分着手尝试。

后记

有人说："经营管理是一个大怪物！"也有人说："经营管理既是科学也是艺术！"对此我深有感触。因为每一个经营决策都需要兼顾众多要素（内外环境，投效比，人和事，情和理，长短期连锁反应），而每一个要素又都变化多端。经营决策中没有什么万能的工具可以让我们"按几个输入键，就可以自动推导出结论"，更没有什么正确答案可以抄袭。所以，企业经营管理这件事就变得万分艰难，初创公司会九死一生，百年企业则成为稀缺品。如何让自己的决策经受住时间和空间的考验？如何在未知和复杂中给"赌博式"的决断增加一些确信？立志成为优秀企业家、管理者的人该如何学习和提升，让自己的经营决策变得越来越科学、越来越艺术呢？顾彼思商学院给出了两个建议：一个是"大道至简"，一个是"抽象和具体"。

“大道至简”说的是，尽管相对于其他科学和艺术，经营管理复杂了太多，但是无论多复杂的事物都有其最关键的核心本质的元素。比如说3C 的这个框架结构告诫我们，要根据客户需求、竞争对手、本公司的状况来选择本公司的战场和战术，这些元素在任何行业应该都不会有太大差异，把这些元素结构化出来，就让我们找到了判断决策的重点，避免了因为思虑不周而做出的错误决定（道理很简单，但是做起来却万分艰难，事实证明太多的企业都是因为忘记客户需求，漠视竞争对手的变化而被淘汰出局）。所以，管理学专家们倾力将一些原理原则整理成便于记忆的关键字（比如3C），让我们抓住重点，来提升决策的效率。2016年出版的 MBA 轻松读系列就是这一理念下的智慧结晶。这套书也可以说是“至简 MBA”，从思考、战略、营销、组织、会计、投资几个角度，把经营决策的重点元素进行了拆分梳理，用最简单质朴的原理原则，把管理的科学和艺术变成可以学习的有规律的结构。这套书一上市就得到了众多读者的好评，也一直在管理学书籍排行榜中名列前茅。

但是，如前所述，经营管理这件事并没有那么简单。行业不同，游戏规则也会有所不同。环境不同，也会让同样决策的结果生出众多变化。要让经营决策这个“科学艺术”不是偶然的成功，而是可以复制的必然，还需要因地制宜地将这些简化了的工具还原到具体的复杂情境中。所以第二个建议就是“抽象和具体”。通过还原到具体的情境，来具体地理解这些概念工具的背景、适用条件和一些注意事项，才能确保我们正确地用这些工具。说白了，管理能力的提升本没有捷径，需要大量试错成本，但是聪明的管理者会努力站在巨人的肩膀上，汲取前人的教训，少走弯路，这就是捷径了。所以，MBA 轻松读：第二辑的重要使命就是要进一步扩充上一个系列的范围和深度，给出更多的商务应用情景去进一步提升知识到能力的转换率。这次的轻松读系列，我们聚焦在如何创造新业务的具体情景中，选择了几个重点话题，包括如何设计新业务的盈利模式（《事业开发》），如何用具有魅力的商业计划书来获取资源（《商业计划》），也包括如何驱动众多的人来参与大业（《博弈论》《批判性思维 · 交流篇》《商务文案写作》），还包括作为领导者的自我修炼（《领导力》），是经营管理必备的知识、智慧、志向这三个领域的综合体。每一本书都包含众多实际的商务案例供我们思考和练习，我们通过这些具体情境进行模拟实践，降低实际决策中的试错成本，让抽象的理论更高效地转化为具体的决断力。

所以，经营管理能力的提升，是综合能力的提升，这个过程不可能轻松。出版这套书籍的最大的愿景是企业家和管理者们能在未知和复杂的情境中，关注本质和重点，举一反三。企业家和管理者的每一个决策都会动用众多的资源，希望看这套书籍的未来的企业家们，在使用人力物力财力这些资源之前，能通过缜密深度的思考来进行综合判断，用

“知”“智”和“志”做出最佳决策，来最大限度地发挥资源的效果，让企业在不断变动的环境中持续发展，为社会、为自己创造出更大的价值。

用 MBA 轻松读，打造卓越的决策脑，这个过程不轻松。让我们一起化繁为简，举一反三!

顾彼思（中国）有限公司董事长

赵丽华

附录：商务常用缩略词表

缩写	展开	中文
3C	Company Competitor Customer	企业、竞争、市场
4P	Product Price Place Promotion	产品、价格、宣传、流通
5W1H	What Why Where When Who How	六何分析法
API	Application Programming Interface	应用程序接口
APV	Adjusted Present Value	调整后净现值法
BATNA	Best Alternative To Negotiated Agreement	最佳替代方案
BTO	Build To Order	接单生产
CAPM	Capital Asset Pricing Model	资本资产定价模型
CCL	Center for Creative Leadership	创意领导力中心
CEO	Chief Executive Officer	首席执行官
CFO	Chief Financial Officer	首席财务官
CMO	Chief Marketing Officer	首席市场官
COO	Chief Operating Officer	首席运营官
CSR	Corporate Social Responsibility	企业社会责任
CTO	Chief Technology Officer	首席技术官
DMU	Decision Making Units	决策单元
EBIT	Earnings Before Interest and Tax	息税前利润
EMS	Electronic Manufacturing Services	电子制造服务
ERP	Enterprise Resource Planning	企业资源计划

FAQ	Frequently Asked Question	经常被提出的问题
FC	Franchise Chain	特许加盟
FCF	Free Cash Flow	自由现金流
HRM	Human Resource Management	人力资源管理
HRO	High Reliable Organization	高可靠性组织
IMC	Integrated Marketing Communication	整合营销传播
IPO	Initial Public Offerings	首次公开募股
IRR	Internal Rate of Return	内部收益率法
KBF	Key Buying Factors	关键购买因素
KISS	Keep It Simple and Stupid	保持简单和愚蠢
KPI	Key Performance Indicator	关键绩效指标
KSF	Key Successful Factors	成功的关键
LBDQ	Leader Behavior Description Questionnaire	领导行动描述问卷
LED	Light Emitting Diode	发光二极管
LTV	Life Time Value	生命周期总价值（客户终生价值）
M&A	Merger& Acquisition	并购
MBO	Management By Objective	目标管理
MBO	Management Buy-Outs	管理层收购
MBTI	Myers Briggs Type Indicator	人格理论
MECE	Mutually Exclusive Collectively Exhaustive	相互独立，完全穷尽
MOT	Management Of Technology	科技管理

NGO	Non-Governmental Organization	非政府组织
NPO	Non-Profit Organization	非营利组织
NPV	Net Present Value	净现值
ODM	Original Design Manufacturing	原创设计制造商
Off-JT	Off the Job Training	职业外培训
OJT	On the Job Training	职场内培训
P2P	Peer to Peer	点对点
PDCA	Plan Do Check Act	戴明循环
POS	要点 Of Sales	销售点终端
PR	Public Relations	公共关系
PTSD	Post Traumatic Stress Disorder	创伤后应激障碍
ROA	Return On Asset	总资产收益率
ROE	Return On Equity	股东资本收益率
ROI	Return On Investment	投资收益率
SEO	Search Engine Optimization	搜索引擎优化
SMART	Specific Measurable Attainable Relevant Time-based	明确、衡量、可实现、相关、时限
SNS	Social Networking Services	社会性网络服务
SRI	Socially Responsible Investment	社会责任投资
VC	Venture Capital investment	风险投资
WACC	Weighted Average Cost of Capital	加权平均资本成本
ZOPA	Zone Of Possible Agreement	协议空间

作者简介

日本顾彼思商学院（GLOBIS）

顾彼思自1992年成立以来，一直以“构建人力、财力和智力的商务基础设施，支持社会创新和变革”为发展目标，推进各种事业的发展。顾彼思商学院作为日本最大的一所商学院，提供全英语教学的全日制工商管理硕士课，全英语、日语教学的在职工商管理硕士课，以及企业高层经理培训课程。如今，在日本众多的商学院中，顾彼思以高水准的课程设计、具有丰富商务实践经验的教师团队，以及高质量的服务水平，赢得社会广泛认可。

译者简介

范丹

毕业于四川外国语大学。译作有《金融学》《德鲁克领导力》《哈佛幸福的方法》《麦肯锡现代经营战略》等。

想 象 之 外 领读 品 质 文 字

MBA 轻松读：第二辑

批判性思维 · 交流篇

产品策划 | 领读文化
文字编辑 | 陈乐平
封面设计 | 刘　俊
发行统筹 | 李　悦
责任编辑 | 张彦翔
营销编辑 | 孙　秒　魏　洋
排版设计 | 张珍珍

更多品质好书关注：

官方微博 @ 领读文化　官方微信 | 领读文化